交通政策への招待

青木 亮/須田昌弥

[著]

ミネルヴァ書房

は じ め に

「交通論／交通経済学」の履修を迷っているあなたへ

　交通論ってどんな授業だろう？　鉄道の時刻表の読み方とか，安い航空チケットの入手方法とかを教えてもらえるのかな？

　残念ながら（⁉）この授業では多分そういうことは扱いません。でも，おそらくこれまでの人生で一度も「交通」を経験したことがない人はいないと思います。学校に行ったり，買い物に行ったり，時には遠くまで旅行したりといった交通の経験を通じて，あなたはさまざまな疑問を感じてきたのではないでしょうか。例えば：

　新幹線に乗るには特急料金が必要なのに，なぜみんな新幹線に乗るの？

　なぜタクシーはどの会社でもほぼ同じ運賃なの？

　朝のラッシュ時の満員電車は，なぜなくならないの？

　最近よく聞く格安航空会社（LCC）って，どうして安い運賃でいいの？

　新幹線ができると，駅前のデパートが閉店してしまうのはなぜ？

　田舎に行くとみんな車に乗っていて誰も電車に乗ってないのに，なんで電車の廃止にみんな反対するの？　……などなど。

　このような交通に関する疑問は数多くあることでしょう。交通問題は日々の生活と関わりが深い分野であり，著者らが知る限りでも関心を持つ学生は多いです。一方，大学に入学するまで学問として交通を授業で学ぶ機会はほとんどないのが実情です。そのため交通論がどのような科目かは，よくわかっていないのが大多数の学生の正直なところでしょう。また交通論では，1970年代以降，ミクロ経済学を利用して交通事象を分析する機会が多くなりました。その結果，商学部や経営学部の「交通論」と，経済学部の「交通経済学」の内容はほぼ同じようなものになっています。ミクロ経済学の利用は，分析する上で有益です

が，理論の抽象化の度合いが高いこともあり，特に経営学部や商学部の学生にはなじみが薄い部分があるでしょう。また経済学部の学生にとっても，学問としてのミクロ経済学と具体的な交通事象がどのように結びつくのか，なかなか理解しにくい面もあるかもしれません。

　本書は交通論／交通経済学の入門書です。著者の2人はともに，これまで大学で専門科目である交通論や交通経済学の授業を担当してきました。既に交通論／交通経済学の教科書は多く刊行されていて，良書も数多くありますが，本書では理論の説明をできるだけやさしくかみ砕くとともに，実際の事例を多数取り入れて理解の助けとなるよう工夫を凝らしました。地域的には首都圏の事例が比較的多く取り上げられていますが，これは本書が著者らのこれまでの講義ノートをもとにしており，首都圏の大学で授業する機会が多かったことに起因しています。

　本書は全15章からなりますが，最初に第1章から第3章で交通の特性や発展を述べ，続く第4章で需要分析の基礎を説明しています。ここまでの部分は，交通論／交通経済学を学ぶ最初の一歩として読んでください。その後，今日の交通事業を特徴づける1つの柱である規制の問題（第5〜第7章）を取り上げます。交通事業の大規模な規制緩和は海外で1970年代から始まりましたが，日本でも2000年代以降，現実の政策として規制緩和が進んできました。最近30〜40年で交通事業が大きく変化した分野でもあります。第8章以降では，交通論で古くから取り扱われてきた運賃や料金の決定問題（第8〜第10章）を理論と実際の両面から取り上げています。さらに今日の交通問題の中でも最も関心が高い混雑の分析についても，運賃の理論の応用として検討しています（第11章）。運賃や料金決定の分析には，ミクロ経済学（価格理論）を用いていますが，この分野の基礎知識がない場合は，最初に第8章を読んでいただければ，第9章以降の理解が容易になると思います。その後交通投資に関わる問題（第12〜第14章）を都市・地域経済学の視点も交えて構成しました。交通論／交通経済学の中で地域開発の理論や，交通と宅地開発の問題を取り上げるのは本書の特徴の1つであると著者らは自負しています。最後の第15章では，現在の交通問題をいくつかトピック的に扱ってみました。読者1人1人が，より良い社会を目指して，どのような施策をとるべきか，考えてもらえれば幸いです。

　通年ないし半期の授業で，本書を教科書として利用することを想定していますが，通年で授業を行う場合は，各章を2回程度で取り上げていただければ，1冊で1年間30回の授業を終えることができます。また半期の授業の場合には，少し駆け足になりますが，各章を1回の授業で扱うことも可能です。そのほか，事例の検討を中心に取り上げる場合は第1章，第2章，第3章，第5章，第7章，第10章，第11章，第13章，第15章を中心に，理論的な側面に焦点を当てるのであれば，第1章，第3章，第4章，第5章，第6章，必要に応じて第8章の内容を補いつつ第9章，第11章，第12章，第14章を中心に授業を構成していただければよいでしょう。

　本書は理論を平易に説明するよう意識したこともあり，皆さんの中には，内容が易しすぎるとの感想を持たれる方もおられるかもしれません。そのような方は，巻末の参考文献リストも参考に，より高度な内容を扱う初級ないし中級の交通論や，交通経済学の書籍をあわせて読み進めてもらうことをお勧めします。それにより，理解が一層深まることでしょう。

　さて，迷っていたあなた，交通論／交通経済学は誰にとっても身近なことを扱う領域です。すぐ役に立つものではないかもしれませんが，履修して後悔することはないと信じます。独学で読まれる方も含めて，本書とともに交通への疑問を解き明かす最初の一歩を踏み出してみてください。著者2人も陰ながら応援致します。

　本書の執筆にあたっては，交通論／交通経済学分野の諸先輩方の功績に負うところが大です。これまで著者らが授業等で利用させていただいた藤井彌太郎・中条潮編『現代交通政策』や山内弘隆・竹内健蔵『交通経済学』，竹内健蔵『交通経済学入門』は大いに参考にさせていただきました。事例の一部は，著者の1人である青木の大学院時代の指導教授である故藤井彌太郎慶應義塾大学名誉教授に教えていただいたものを利用しています。他方特に都市・地域経済学に関する領域では，もう1人の著者である須田の大学院時代の指導教授である山田浩之京都大学名誉教授から教わった内容を思い出しつつようやくまとめることができました。恩師の学恩に2人とも改めて思いを致した次第です。

またお忙しい中，草稿をチェックしていただき適切なコメントをいただいた慶應義塾大学の田邉勝巳教授と桃山学院大学の西藤真一教授には厚く御礼申し上げます。本書が多少なりとも理解しやすくなっているとすれば，両先生のお力によるものです。そして原稿が遅れがちな著者らに完成まで辛抱強く寄り添っていただいたミネルヴァ書房の本田康広氏にもこの場を借りて厚く御礼申し上げます。

　このように教科書をまとめるのは2人にとって初めての経験であり，誤りや表現のわかりにくい部分が残されていることが案じられますが，それらはもとより著者らの責任であり，お許し願いたいと思います。本書が，交通問題に関心を持つ学生や読者の理解を助ける1冊となれば幸いです。

2023年11月

青 木　　亮

須 田 昌 弥

交通政策への招待

目　　次

執筆分担

　青木　　亮：第1章，第2章，第5章，第6章，第7章，第13章，第14章
　須田昌弥：第3章，第4章，第8章，第9章，第10章，第11章，第12章，第15章

第1章

交通とは何か

キーワード

効率性と公平性　派生需要　即時材　即地材　交通サービスの生産構造
交通投資の特徴

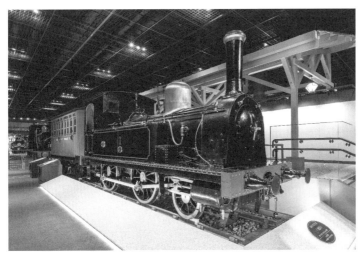

（出所）　鉄道博物館提供

1号機関車：日本初の鉄道は，1872年に新橋〜横浜間で開業した。開業当時は，機関車
や客車，貨車，レールなど全てイギリス製であった。1号機関車は，開業時に輸入した
10両のうちの1両で，近代交通史の黎明を告げる存在として重要文化財に指定され，さ
いたま市の鉄道博物館に展示されている。

鉄道やバス，自動車など，日常生活で交通を利用する機会は多いだろう。鉄道や飛行機に乗ったり，写真を撮ったりすることを趣味にするマニアと言われる人も多い。しかし，授業で交通のことを学んだり，交通論や交通経済学という科目名を聞いたりするのは，ほとんどの人にとり初めてだろう。交通論とはどのような科目であろうか？　そもそも交通はどのように定義できるのだろうか？　他の産業や商品と，交通はどのような違いがあるのだろうか。本章で，交通の特徴を学んでいこう。

1　交通とは何か

　交通とは，人（旅客輸送）や物（貨物輸送，物流）の空間的な移動を言う。すなわち，ある地点（A）から別の地点（B）へ移動（例：東京から横浜への移動など）することを示す。ちなみに，人や物でなく，情報が移動する場合は通信という。

2　交通論の目標

　交通論は，よりよい交通社会の実現を考えるための学問である。基準となる考え方は，「効率性（efficiency）」と「公平性（equity）」である。効率性とは，希少な資源（鉄や石油，電気など有限な資源）を無駄なく，有効に利用すること（資源配分の効率化）であり，価格メカニズムを利用することで達成できる。例えば電気料金が適切に決定されていれば，必要な部屋のみ電気をつけて，人がいない不要な部屋は電気代がもったいないので，消すだろう。この結果，電気は無駄なく利用される。このように，価格が適切に決定されれば，効率的な資源配分を達成できる。
　資源配分の効率化には，国の経済全体での資源配分の効率化と，鉄道と航空など交通部門内での資源配分の効率化の2種類が存在する。
　一方，公平性は差別しないことや平等を意味しており，地域間，国民間での所得格差を是正する所得再分配などが該当する。例えば，高速道路や新幹線を整備した結果，地域経済が発展して，住民の所得が向上することで，地域間や個人間の所得格差が改善する場合である。より価値基準を強く持つ「公正」と

┌─── コラム▶▶もしも出発地と到着地が同じ場所の移動なら，交通と言える？ ───┐

　　定義から考えると「交通」とは言えない。出発地と到着地が同じ場所になる移動の例に，遊園地の「おとぎの汽車」などがある。これは常識的に考えて鉄道でなく遊戯施設だという解釈もできるが，廃線になった鉄道を利用して観光用の体験乗車的な施設も存在しており，定義から考えないとグレーゾーン的な事例はある。これら施設が，法律上，輸送事業として規制されない根拠？とも言える。

└──┘

いう言葉を用いることもある。ただし，何をもって公平（公正）と見なすかは，人により異なり，個人の価値判断を含む問題である。例えば，ある人にとっては，全国どこに住んでいても均一料金で交通サービス利用できることが公平（公正）だが，別の人にとっては，費用をもとに決めた料金を課すこと，すなわち利用者の多い都市部の料金を安く設定することが公平（公正）と考えるかもしれない。どちらの考え方が正しいかを一概に決めることはできない。その意味では，公平（公正）は，より難しい概念と言える。

　効率性と公平性の間でトレードオフが発生することもある。交通に関連する施策を実施した場合，効率性と公平性が両立すれば問題ないが，現実社会では，一方を満たしても他方を満たせないことは多い。また都市部の混雑や渋滞緩和のための投資（輸送力増強）は効率性を高める一方，過疎地の交通は利用者が少なく赤字だが，通院や通学などで利用せざるを得ない人がいる。両方の施策を同時に実施できれば良いが，資金制約から一方の施策しか採用できないこともあろう。現実社会で複数の交通投資の中から，どちらを選択するかというトレードオフの問題は，社会にとりより良いものを選択する作業になる。

　交通に用いる論理や方法の多くは，公益事業（交通以外に，電力，ガス，電気通信，水道が含まれる）の各分野でも応用可能である。このため，本書でも必要に応じて公益事業の各分野を取り上げる。

3　交通サービスの特徴

(1)　派生需要

　交通サービスの多くは，需要が独立に発生するのではなく，他の目的を達成

する手段として存在する。このような需要を派生需要（derived demand）という。「学校に行くため，バスに乗る」場合を考えよう。後半の「バスに乗る」が交通需要を示しているが，これは「学校に行くため」という本来の目的を達成する手段（本源的需要：primary demand）に付随して存在する。そのため学校が休みなら，バスに乗ることもない。もちろん例外はあり，移動そのものを楽しむサイクリングやドライブなどは，交通サービスでも本源的需要と言える。また SL 列車など，乗車そのものを目的にする場合も本源的需要に当たる。

交通需要の多くが派生需要であるため，本源的需要が存在しなければ，利用者確保は難しい。もし沿線人口等が少なければ，本数増加や運賃引下げなどサービス改善を行っても，利用者は増加しにくく，過疎地域の交通サービス維持の困難さは，この点にある。

(2) 自給が容易

交通サービスは自給が容易である。大まかにサービスの供給は，鉄道やバス，タクシーなど営利事業としてサービスを提供する公共交通機関と，自家用車や自転車，徒歩など自分自身でサービスを提供する私的交通機関に分けられる。利用者によるサービスの代替が容易といえる。

公共交通機関は，料金を徴収して不特定多数の人が利用しており，定められた運賃を支払う意思のある人に対してサービス供給を拒否できない運送引受義務が課されている。この他，サービスの安全かつ安定供給（利用者が少なくても運休できない）が高い水準で課される。一方，私的交通機関で料金は徴収できない。お客さんを自家用車で運んで料金を徴収する白タク行為は違法である。

交通サービスの競争は，鉄道やバス，タクシーなど事業者間での競争とともに，これら事業者と自家用車など私的交通機関との競争という 2 種類存在することも特徴の 1 つである。

(3) 移動の特性

移動には時間の消費を伴い，目的地までに要する所要時間は費用の一部と見なせる。このため，一般的に，出発地から目的地まで所要時間の短い交通手段が選択される。また交通サービスごとに，快適さや乗換の必要性などが異なる。

― コラム ▶▶白タクの例外？　自家用車による有償運送 ―

　白タクは違法行為だが，過疎地等の公共交通サービスが存在しない地域で例外的に自家用車による有償運送を認める場合がある。民間バス廃止後に，自治体が自家用バスで市町村代替バスを運営することは道路運送法の特例として認められてきた。これに加え，NPO法人等が一定の条件下で自家用車を利用して住民を輸送するサービスも，2003年10月から徳島県上勝町で特区制度（上勝町有償ボランティア輸送特区）を利用して開始され，翌年4月には規制改革により全国で認められるようになった。さらに2015年4月には公共交通空白地有償運送に名称を変更して，都市部でもタクシー会社などの公共交通機関が存在せず，住民の日常の輸送サービス確保が困難な地域へ対象を拡大した。2020年の改正では当該地域を訪れる観光客も対象に含まれるようになった。運賃は実費程度，営利と認められない範囲に限定されている。

　国土交通省によると，2020年度末現在，市町村やNPO法人による自家用有償旅客運送は3,137団体で実施されている。

当然だが，より快適で，乗換の少ない交通手段が選択される。

　上記の特性をもとに，理想の交通手段を考えると，ドアを開ければ，すぐに目的地に到着でき，所要時間もかからず，快適に移動できる交通手段が思い浮かぶ。漫画「ドラえもんの『どこでもドア』」の世界が，理想である。「どこでもドア」は実際には存在しないが，これに現実世界で近い手段は，自家用車であろう。公共交通機関は，大都市圏など一部を除き，所要時間や快適性，乗り換えの必要性などから，自家用車よりサービス水準が劣ることが多い。一方で自家用車の増加が，様々な交通問題を引き起こしている現実がある。

⑷　在庫が不可能なサービス

　生産される場所と消費される場所が同一な財を即地財と言い，同様に生産される時点と消費される時点が同一の財を即時財という。通常の財では，例えばTシャツを冬の間に生産して倉庫に保管しておき，夏に販売する在庫調整により需要に対応している。これに対して交通サービスは在庫調整ができないため（朝8時台のラッシュ輸送の代わりに，早朝4時に列車を増発しても意味がない），朝，夕のラッシュ時の通勤輸送に対応するため，多くの列車を走らせる必要がある。

その結果，巨額の投資が必要になるとともに，日中は輸送力過剰になり，ピークとオフピークが存在してしまう。需要の平準化が難しいのである。

　需要平準化策としては，オフピーク通勤を促す広報活動に力を入れるなども考えられるが，価格システムを利用した施策として，第11章で取り上げるピーク時の料金を高くして，オフピーク時の料金を割り引く，ピークロードプライシング（peak load pricing）などが考えられる。ピークロードプライシングは，需給を反映して時期ごとに運賃が変更される割引航空券などで導入されている。

(5) 生産構造による差異

　交通手段ごとに生産構造は異なる。生産構造の違いは，①資本集約度による差異と，②交通サービスに必要な施設の提供者の差異の2種類が考えられる。

　①資本集約度による差異としては，資本と労働という生産活動に必要な要素に着目する。鉄道事業など資本の投入比率が高い資本集約的な産業と，バス事業など労働の投入比率が高い労働集約的な産業に分ける考え方である。

　②交通サービスに必要な施設の提供者の差異は，施設を誰が提供するかに着目する。交通施設は，道路，空港，港湾など国や自治体などの公的主体により供給され，交通事業者が利用にあたり使用料（通行料など）を支払う方法の他，施設を交通事業者が整備して利用する方法がある。後者の典型例は，線路敷設や駅，信号システムなどを設置して，自ら車両を運行する鉄道事業である。この場合は固定費用の負担が非常に重くなる。

　交通手段ごとに生産構造は異なるが，これらが市場で互いに競争している点も特徴である。

(6) 交通インフラ（インフラストラクチャー，社会資本）の特徴

　交通インフラの特徴を3点述べよう。第1は不分割性である。すなわち施設整備に当たり，費用を最小にする生産量で効率的に生産する最小最適規模が存在している。1人乗りの電車は事実上，製造できない。第2に，規模の経済性の存在である。これは大量輸送（大量生産）の利益とも言われ，利用者の増加に伴い，1人あたり費用が逓減（だんだん低下する）することである。第3は，外部効果の存在である。外部効果は，市場を経由せずに他の経済主体に及ぼす

6

―――――― コラム▶▶外部効果の事例：上限200円バスの運行⁽¹⁾ ――――――

　平成の大合併で 6 町が合併して誕生した京都府京丹後市では，自治体（京丹後市）が市内を運行する丹後海陸交通（丹海バス）の運賃を市内全域で上限200円にする施策を実施した結果，利用者の増加とともに，中学生の高校進学先の幅が広がった。かつての郡単位で市内に府立高校は 3 校あるが，それまでは通学費の負担もあり，自宅から一番近い府立高校に進学することが一般的であった。しかし上限200円運賃の導入により，通学定期代も大幅に引き下げられた結果，部活動などを参考に，市内 3 校の中から進学先を選択する生徒が増加した。

　効果の一部は，利用者の増加（高校生が支払う通学定期代収入の増加）として，バス事業者の利益になる。しかし進学先の選択肢拡大から生じる利益の多くは，高校生本人や家族が受けており（さらには，その後の人生を通じて社会が得る），他の経済主体に生じる外部効果である（そのため上限200円バスを自治体主導で導入したとも言える）。交通事業においては，このような事例が数多くある。

影響である。高速道路や新幹線が開通することで地域や沿線が発展することや，鉄道やバスが運行することで通勤，通学が可能になるなどが，交通事業にかかわる外部効果の一例である。実際に，過疎地では，交通が整備されることで進学や就職が可能になることもある。外部効果の一部は通行料や運賃収入の増加として交通事業者が獲得するが，効果の多くは直接関係のない第三者に帰属するため，どのように意思決定を行うかが課題になる。

(7)　施設整備に巨額の資金が必要

　鉄道や道路建設を例にするまでもなく，交通施設の整備，拡大には巨額の資金が必要である。首都圏の地下鉄建設を例にすると，東京メトロ半蔵門線のキロあたり建設費は297億円，東京メトロ南北線では279億円に達する（図 1-1）。巨額の建設資金をどのように調達（補助）するかが課題である。

　東京メトロ半蔵門線と南北線についておおよその建設費を計算しよう。東京メトロ半蔵門線は，渋谷〜押上間16.8km の路線であり，

$$297億円/km × 16.8km ＝ 4989.6億円 ≒ 5000億$$

東京メトロ南北線は，目黒〜赤羽岩淵21.3km の路線であり，

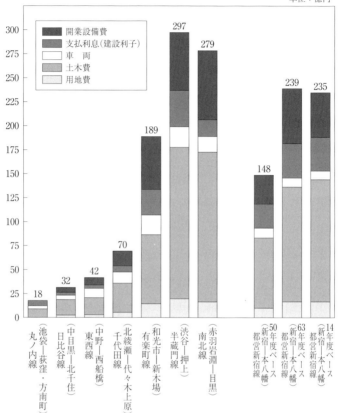

図1-1　地下鉄のキロ当たり建設費

単位：億円

凡例：
■ 開業設備費
■ 支払利息（建設利子）
□ 車　　両
■ 土木費
□ 用地費

18　（池袋―荻窪・方南町）丸ノ内線
32　（中目黒―北千住）日比谷線
42　（中野―西船橋）東西線
70　（北綾瀬―代々木上原）千代田線
189　（和光市―新木場）有楽町線
297　（渋谷―押上）半蔵門線
279　（赤羽岩淵―目黒）南北線
148　50年度ベース（新宿―本八幡）都営新宿線
239　63年度ベース（新宿―本八幡）都営新宿線
235　14年度ベース（新宿―本八幡）都営新宿線

（出所）　国土交通省監修『数字でみる鉄道2020』

279億円/km×21.3km＝5942.7億円≒6000億円

　このように鉄道（特に地下鉄）の建設には巨額の資金が必要である。

　施設拡大については，別の課題も存在する。開業当初は利用者が少なくても，その後の利用者増加により輸送力増強（単線から複線へ線路を増設）を計画しようとすると，沿線地価の上昇等から，開業時に複線で建設するより巨額の資金が必要になる。投資は，最初にまとめて行った方が，初期負担は重くなるが，投資総額を抑えることができる。地価上昇や用地買収の困難さから，輸送力の逼迫が指摘されながら設備投資が進まない路線は，首都圏など大都市圏に数多

───── コラム ▶▶ 京成電鉄千原線（千葉中央〜ちはら台10.9km）の建設 ─────

もともとは京成電鉄と千葉県，千葉市，市原市などが出資して設立した千葉急行電鉄の路線であり，千葉市南東部と市原市北部にまたがるあゆみ野，ちはら台のニュータウンに居住する人の通勤，通学の足として1992年に大森台駅まで，1995年にちはら台駅まで開業した。起点の千葉中央駅で京成電鉄千葉線に接続して，東京の都心方面と結ばれている。ニュータウン開発の遅延に伴う沿線人口の伸び悩みから（当初計画の3割程度の人口に止まる）利用者数が伸びず，千葉急行電鉄が破綻したことで，筆頭株主である京成電鉄が1998年に経営を引き継いだ。

（出所）　2点とも筆者撮影

建設当初は沿線人口が少なく，利用者もあまり見込めないため資金負担の軽減と将来の輸送力増強を両立させる目的で，様々な工夫がこらされている。写真を見ると，現在は単線だが，複線分の用地が確保されており，架線柱などの設備も複線を前提にしていることがわかる。また，駅のホームをみると，現在は片側のみしか利用していないが，既に2線分設けられている。ホーム長も，6両編成に対して，かなり長くなっている。

く存在する。このような事情があるので，投資の判断，評価は難しい。現在は利用者が少なく，設備が過大であったとしても，将来の利用者増加を考慮すると，投資が社会的に無駄とは言い切れないからである。ただし，予想したほど利用者が増えなければ，将来も利用されずに終わるかもしれない。

注
(1)　京丹後市の上限200円バスの詳細については，青木編（2020）「第5章　上限200

円バスの展開（高橋愛典）」を参照のこと。

練習問題

1. 地方のローカル線やバス路線では，運行本数の少なさや運賃負担の重さに対する不満を聞くことがある。一方，運行本数を増加させたり，運賃を引き下げたりなどの社会実験を行っても，利用者増加にほとんど結びつかない例も多い。その理由を派生需要の概念から説明しなさい。
2. 巨額の資金を必要とする鉄道事業では，初期投資の負担を軽減するため様々な工夫を凝らしている。コラムの京成電鉄千原線も一例だが，身近な鉄道の事例で探しなさい。

参考文献

青木亮編（2020）『地方公共交通の維持と活性化』成山堂書店
国土交通省鉄道局監修（2021）『数字でみる鉄道2020』運輸総合研究所
藤井弥太郎監修，中条潮・太田和博編（2001）『自由化時代の交通政策』東京大学出版会
山内弘隆・竹内健蔵（2002）『交通経済学』有斐閣

第2章

交通市場の発展

キーワード

動力近代化　新幹線開業　地下鉄の開業　ローカル線の廃止　乗合バス
の地域独占　道路整備　高速道路の開業　航空輸送の確立　交通機関の
特性

岡山駅での0系新幹線（右）と700系新幹線（左）：1964年の東海道新幹線開業は，日本
だけでなく世界の鉄道に大きな影響を及ぼし，斜陽と思われていた鉄道を再評価する動
きにつながった。

人や物を輸送するとき，車輪を用いた「車両」を利用することで，人間が直接担いだり，家畜に背負わせたりするよりも効率的に輸送できる。さらに鉄のレールと鉄製の車輪を組み合わせることで，摩擦が小さくなり効率的に輸送可能である。20世紀になると，より高速で移動できる航空機が登場した。本章では，高度経済成長以降の日本を中心に輸送機関の発展をトピック的に見るとともに，交通機関の特性をまとめる。

1　交通機関の発展

(1)　鉄道輸送
■鉄道のはじまり

　16世紀のヨーロッパでは，鉱石輸送で車輪の下に木の板や石を敷くことが考えられた。18世紀になると枕木に鉄板を固定して，鉄板の断面を凹型やL型にして脱線を防ぐ方法が採用された。鋼鉄製のレール上を鋼鉄製の車輪が走行する鉄道は，道路上をゴムタイヤ車両が走行する場合より粘着力（ころがり摩擦力）は1/4程度に小さくなるため，少ない力で輸送可能になる。さらに外部から動力を取り入れて単位重量あたりの出力を大きくできるため，輸送力増強や高速化にも有利である。1825年9月27日，イギリスのストックトン〜ダーリントン間にジョージ・スティーブンソン（George Stephenson）の蒸気機関車ロコモーション号による世界初の鉄道が開通した。1830年にはマンチェスターとリバプール間にも鉄道が開通し，1831年にはアメリカ合衆国（ボルチモア・オハイオ鉄道：ボルチモア〜エリコット），1832年にはフランス（サンテティエンヌ〜リヨン）へと，鉄道はヨーロッパやアメリカへ広がっていった。

　1832年，道路上に鉄製のレールを敷設して馬が牽引する鉄道馬車をニューヨーク・ハーレム鉄道が開業させた。鉄道馬車は，輸送効率が良い上，運行が線路上に限定されるため事故が少ないなどの利点がある。一方，馬匹の飼料代や屎尿の処理などの問題が生じた。この問題は，1887年にアメリカ人のフランク・スプレーグ（Frank J. Sprague）がバージニア州リッチモンドで路面電車の営業運転に成功して解決する。その後，路面電車はアメリカさらには欧州の諸都市で都市内交通機関として利用されていった。

■昭和初期までの日本の鉄道状況

　日本最初の鉄道は，1872（明治5）年10月14日に開業式を挙行した新橋～横浜間である。開業を記念して，10月14日は鉄道の日になっている。その後，1874年5月11日には大阪～神戸間が，1880年11月28日には北海道で開拓史により手宮～札幌間の鉄道が開業した。鉄道網整備は急速に進み，1889（明治22）年7月の東海道線全通（新橋～神戸），1883年の日本鉄道・上野～熊谷間開業，さらに上野～青森間全通（1891年），1901年には神戸～馬関（現下関）まで山陽鉄道が全通するなど，鉄道網は全国へ広がった。初期には数多くの私鉄が創業したが，日本鉄道や山陽鉄道など主要私鉄は，1906年から07年にかけて国有化され，現在の幹線鉄道網の骨格が形成された。

　20世紀に入ると，専用軌道を敷設して，複数車両を連結して運転する高速鉄道が登場した。日本初の高速鉄道は，1904（明治37）年8月に東京の飯田町～中野間で電車運転を開始した甲武鉄道だが，本格的な高速鉄道は1914（大正3）年に東京～高島町間に開業した京浜線である。大正時代になると，経済成長とともに人口が大都市に集中するようになり，次第に住宅地は郊外へ拡大した。通勤通学輸送に対応するため，都心と郊外を結ぶ高速鉄道網が形成された。

■電化の拡大と動力近代化

　戦後の急速な経済成長は，交通需要を拡大した。1955（昭和30）年10月に国鉄は動力費削減と輸送力向上を目的に，10年間で3,300kmの幹線鉄道を電化する動力近代化を発表した。当時の電化区間は，東京や大阪などの大都市圏の通勤区間や，中央線の東京～甲府間，高崎線，上越線，奥羽本線福島～米沢間など一部に限られており，東海道線の全線電化が完成するのは翌1956年11月である。電化の進展と車両技術向上により，1958年にはビジネス特急こだま（151系電車）が登場して，東京～大阪間を6時間50分で結んで日帰り出張を可能にするなど，長編成の電車が中長距離輸送で利用されるようになった。

　第二次世界大戦後，フランスで交流電化が実用化された。この技術は日本でも注目を集め，1957（昭和32）年10月に北陸本線田村～敦賀間が最初の幹線交流電化区間として完成した。電化と同時に複線化などの線路増設，急勾配区間の解消，重軌条化，信号設備の改良など，幹線を中心に近代化が進められ，輸送力増強と高速化，乗り心地改善など輸送サービスは大きく向上した。

電化の進展や非電化区間で気動車が導入されたことで，蒸気機関車は淘汰されていった。最後まで蒸気機関車が活躍した北海道でも，一般営業列車の牽引から1975（昭和50）年12月に引退し，翌年3月に入れ替え業務も終了した。蒸気機関車引退を惜しむ人は多く，各地で写真を撮影したり録音したりする人が増え，SLブームが巻き起こった。一方，1976年から静岡県の大井川鐵道でSL列車が運行された他，1979年8月から国鉄山口線にSLやまぐち号が運転されるなど，SLは観光列車として新たな役割を果たすようになった。

■新幹線開業と整備新幹線計画

　1964（昭和39）年10月1日の東海道新幹線開業は，日本だけでなく世界の鉄道史上に画期的な出来事であった。東海道新幹線は，東海道線の輸送力増強を目的に計画されたが，国際標準軌（1,435mm）を採用して，動力分散方式の電車で最高速度200km/hの高速運転を可能にした。高速運行による安全性確保のためATC（automatic train control：自動列車制御装置）が採用され，全ての列車を監視して列車指令を行うCTC（centralized train control）が東京駅に設けられた。新幹線開業により，鉄道は700km程度の距離帯まで，高速道路を利用する自動車および航空機と，所要時間で互角に競争できるようになった。その後，新幹線は西へ延伸され，1972（昭和47）年3月に岡山まで，1975（昭和50）年3月に九州の博多まで山陽新幹線が開業した。さらに東北新幹線（東京〜盛岡），上越新幹線（東京〜新潟）の建設も開始され，1982（昭和57）年6月に大宮を起点とする暫定開業を経て，1991（平成3）年6月に東京駅まで乗り入れが実現した。

　1970（昭和45）年5月に全国新幹線鉄道整備法が公布されて整備新幹線が計画された。これにより，東北新幹線（盛岡〜青森）と北海道新幹線（青森〜札幌），北陸新幹線（東京〜長野〜富山〜大阪），九州新幹線（博多〜鹿児島，博多〜長崎）の建設が進められた。東北新幹線は2010年12月に八戸〜新青森間を開業して全線開通した。また北陸新幹線も高崎〜長野間の部分開業（1997年10月）を経て，2015年3月に金沢まで開通した。九州新幹線は新八代〜鹿児島中央間の部分開業を経て2011年3月に博多まで延伸された他，長崎〜武雄温泉間が西九州新幹線として2022年9月に開業した。北海道新幹線は新青森〜新函館北斗間が2016（平成28）年3月に開業している。

整備新幹線に並行する在来線区間は，負担を軽減するため JR から経営分離され，主に沿線自治体が出資する第3セクター鉄道が運行するようになった。国や JR から支援も行われるが，経営環境の厳しさや運行を継続する仕組みづくりなど課題も存在する。

■路面電車廃止と地下鉄網の拡大

1970（昭和45）年度には，全国の主要都市の多くで路面電車が運行されており（32都市，35事業者），総路線長は742.9kmであった。その後，自動車交通の増加に伴う道路渋滞の悪化や，渋滞に路面電車が巻き込まれて定時運行が困難になるサービス水準低下，大都市では，人口増加や経済活動の活発化による輸送力不足から，多くの都市で路面電車は廃止や路線短縮が進んだ。2020年度の路線長は206kmである。1970年以降に新規で整備された路面電車は，豊橋鉄道（井原〜運動公園0.4km）や，富山地方鉄道（旧富山ライトレール区間および富山都心線）など一部である。

東京の路面電車（都電）で，大規模な廃止は1967年から72年にかけて行われた。現在は荒川線（三ノ輪橋〜早稲田12.2km）のみが存続する。東急玉川線も，現在の世田谷線（三軒茶屋〜下高井戸）を除き，1969（昭和44）年に廃止されて，地下線化して1977年に開業した東急新玉川線（渋谷〜二子玉川，現田園都市線）が代替している。

他都市でも，路面電車の多くは，1960年代半ばから70年代にかけて廃止され，地下鉄やバスに代替された。主要都市では大阪市電は1969年，神戸市電は1971年，横浜市電は1972年，名古屋市電は1974年に路線が全廃されている。

大都市で路面電車廃止後の輸送を主に担ったのは地下鉄である。日本最初の地下鉄は，1927（昭和2）年12月30日に東京地下鉄道が開業させた上野〜浅草間である。その後，渋谷〜新橋間を開業した東京高速鉄道とともに，東京の地下鉄は半官半民の特殊会社，帝都高速度交通営団（現在の東京地下鉄，通称，東京メトロ）に統合された。大阪でも1933（昭和8）年5月，梅田〜心斎橋間で御堂筋の下に大阪市により地下鉄が建設された。

戦前に地下鉄が整備された都市は東京（路線長14.3km）と大阪（路線長8.8km）のみで路線も小規模だったが，1950年代半ば以降，主要都市で整備が進んだ。東京における戦後の地下鉄建設は帝都高速度交通営団と東京都により

進められた。1954（昭和29）年1月に戦後最初の区間として丸ノ内線池袋〜御茶ノ水間が開通した。東京都（都営地下鉄）も浅草線（西馬込〜押上18.3km）の建設に取り組み，1960（昭和35）年12月に浅草橋〜押上間を開業させて京成電鉄と，1968年6月に泉岳寺まで開業すると京浜急行電鉄と相互直通乗り入れを開始した。1957年11月には名古屋で地下鉄東山線（名古屋〜栄2.4km）が開業した。その後も札幌（1971年），横浜（1972年），神戸（1977年），京都（1981年），福岡（1982年），仙台（1987年）と主要都市で地下鉄開業が続いた。

東京の大部分の地下鉄路線では，JRや私鉄各線と相互直通乗り入れが行われ，郊外から都心へ乗り換えなしに移動できるとともに，並行する鉄道路線の混雑緩和が図られた。また名古屋では地下鉄鶴舞線が名鉄豊田線，三河線，犬山線と，大阪では地下鉄御堂筋線と北大阪急行，中央線と近鉄けいはんな線，堺筋線と阪急電鉄など，相互乗り入れは各地で実施されている。

地下鉄建設は膨大な建設費を必要とする事業である。多くの場合，経営は地方公共団体（交通局による運営）や地方公共団体等が出資する第3セクター鉄道（東京地下鉄など）が担っている。また巨額の建設費をまかなうため，1966年度以降，投資の一部に助成措置が設けられた。

■国鉄改革とJR誕生

国鉄財政は，東海道新幹線が開業した1964（昭和39）年度から単年度赤字となり，66年度からは繰越欠損が生じるようになった。70年代以降は毎年巨額の赤字に苦しめられ，数度にわたり財政再建策が作成されたが，所定の成果は収められなかった。

1981（昭和56）年3月，前経団連会長の土光敏夫を会長とする第二次臨時行政調査会が発足して，主に加藤寛部会長の第四部会で国鉄改革の審議が行われ，1982年7月に国鉄を分割民営化する基本答申を発表した。同年11月に発足した中曽根内閣のもと国鉄は専売公社，電電公社とともに民営化されることに決定した。日本国有鉄道再建管理委員会が発足して，全国一律の巨大組織である公社を地域別に分割して抜本改革するとともに，日本国有鉄道清算事業団を設けて余剰人員対策を進める他，遊休地の処分と新会社の株式を売却して長期債務を処理し，債務の残額は国が負担するなど，分割民営化の具体案を策定した。

分割民営化後の新会社は，旅客会社は本州を3社に分割する他，北海道，四

表 2-1　分割民営化当初の JR 各社（1987年 4 月 1 日）単位：億円

項　目	営業キロ（km）	社員数（人）	資産額	経営安定基金	長期債務	資本金
北海道	3,176	12,719	9,762	6,822	—	90
東日本	7,657	82,469	38,845	—	32,987	2,000
東海	2,003	21,410	5,530	—	3,191	1,120
西日本	5,323	51,538	13,163	—	10,158	1,000
四国	880	4,455	3,239	2,082	—	35
九州	2,406	14,589	7,381	3,877	—	160
貨物	10,010	12,005	1,638	—	943	190

（出所）　老川慶喜『日本鉄道史昭和戦後・平成編』p. 228．元データは『JR ガ
　　　　ゼット』1992年11月号

　国，九州をそれぞれ分けて 6 社とした（表 2-1）。貨物輸送は全国一律の 1 社
体制とされた。社員数は旅客会社 6 社と貨物会社合わせて20万人弱（発足時19
万9,185人）まで削減された。また旅客会社の収益力格差に対応するため，各社
が引き継ぐ長期債務の金額を調整した他，新幹線を一括保有する新幹線保有機
構を設立して本州 3 社の収益力の調整が図られた。さらに経営環境が厳しいと
予想された北海道，四国，九州の三島会社は，長期債務の引き継ぎを免除する
とともに，経営安定基金を設けて，そこから生じる利子で赤字を補填する枠組
みが設けられた。

　1987（昭和62）年 4 月 1 日に国鉄は分割，民営化され，地域別に北海道旅客
鉄道（JR 北海道），東日本旅客鉄道（JR 東日本），東海旅客鉄道（JR 東海），西日
本旅客鉄道（JR 西日本），四国旅客鉄道（JR 四国），九州旅客鉄道（JR 九州）の
旅客会社 6 社と，全国を 1 社で運行する日本貨物鉄道（JR 貨物）など計11法人
が誕生した。

■国鉄の地方交通線廃止

　国鉄の経営悪化とともに赤字ローカル線の存廃が議論に上がってきた。1968
（昭和43）年 9 月に国鉄諮問委員会は廃止すべき赤字83線を選定したが，地元の
反対が強く，協議にすら入れない路線も多く，廃止はわずか11路線にとどまっ
た（この他に 4 路線が廃止され，廃止路線は計15線）。

　1980（昭和55）年に「日本国有鉄道経営再建促進特別措置法」が成立して，

国鉄は分割，民営化に向けて動き出した。ローカル線については，旅客輸送密度4,000人未満かつ貨物輸送密度4,000トン未満の路線を特定地方交通線に指定して，若干の除外規定に該当する路線を除き，バスへ転換することになった。第1次線40線区729.1km，第2次線33線区2171.1km（このうち岩泉線と名松線の2線区は後日取り下げ），第3次線12線区338.9kmが選定され，第3セクター鉄道等を設立して鉄道として存続させるか，バスに転換するかの協議が各地で行われた。転換に当たり，国は5年間の赤字額を鉄道は半額，バスは全額補助する他，営業キロあたり3,000万円を上限とする転換交付金が支払われた。一方，特定地方交通線対策協議会で協議を開始してから2年以内に結論に達しない場合は，国鉄が路線廃止とバス転換を行えると規定され，協議を前進させる強力な仕組みも整えられた。

　1983（昭和58）年10月に転換第1号として北海道の白糠線が白糠町営バスに転換され，1984年4月には岩手県の盛線，宮古線，久慈線と未開業区間を引き継いで第3セクター鉄道の三陸鉄道が開業した。最終的に鉄道で存続した路線は38路線，バスに転換された路線は45路線となり，1990（平成2）年4月までに特定地方交通線は全て転換された。

(2)　乗合バス

■バス事業のはじまり

　馬車は紀元前のインダス文明やメソポタミア文明の時代から利用されていた。馬車を保有するには複数頭の馬を所有する上，飼育係，御者を雇用するなど，多額の費用がかかるため上流階級のステイタス・シンボルとしての役割が大きかった。定路線で事前に規定された運賃を支払えば誰でも利用できる公共交通（乗合馬車）の登場は，（諸説あるが）1826年にフランス・ナントで，製粉工場の経営者であったスタニスラス・ボードリー（Stanislas Baudry）が廃熱を利用した公衆浴場を開業した時に，ナント市中心部と浴場を結ぶ16人乗り乗合馬車を運行したのが最初とされる。

　日本では，1903（明治36）年9月20日に京都市内で二井商会が乗合自動車を正式に許可を受けて運行したのが最初のバス事業と言われる[3]。京都市内のバスは新しもの好きの興味を誘ったが，法制度も整わない中，経営は困難を極め，

翌年1月末で営業を休止した。東京のバス路線は，1913年に京王電気軌道（現京王電鉄）が笹塚〜調布間の開業に合わせて，笹塚〜新宿間，調布〜府中〜国分寺間で運行したことが最初である。この路線は軌道の延長とともに休止されたが，1916年には角喜タクシー（現西東京バス）が八王子〜高尾山下の路線を開設した。同時期に，東京市内では東京市街乗合自動車が上野〜新橋間を開業した。大阪では，1903年春に天王寺公園で第5回内国勧業博覧会が開催された際に，米国から輸入した蒸気自動車を利用して千日前〜梅田駅間で運行したバスが最初とされる。

　バス事業は1923（大正12）年の関東大震災をきっかけに急速に発展した。市内の鉄軌道が大きな被害を受け，復旧に時間を要すると考えた東京市は，880台あまりのT型フォードに車体を架装して，市民の足を確保した。これは「円太郎バス」として親しまれ，震災復興輸送に活躍するとともに，その後も運行を続けた。同時期に，大阪市や熊本市（1927），横浜市や京都市（1928），鹿児島市，松江市，徳島市（1929）で公営バスが，さらに川中島自動車（1925，現アルピコ交通），神姫自動車（1927，現神姫バス）などの民間事業者も各地で運行を開始した。

　一方，1922年の改正鉄道敷設法により全国でローカル線建設が計画された。これら路線の輸送量は少ないと予想され，当面，国鉄が鉄道輸送の一部として自動車事業を兼営するようになった。1930年12月に岡崎〜多治見間の岡多線が省営バス（のちの国鉄バス）第1号として開通した。

■地域独占の確立

　戦時体制下の1938（昭和13）年に制定された陸上交通事業調整法により，地域ごとにバスを含む交通事業の統合が進められた。例えば東京では，都心は帝都高速度交通営団（現東京地下鉄）と東京都に，郊外の西南部は東急電鉄（東京急行電鉄），西北部は西武鉄道，北東部を東武鉄道，南東部を京成電鉄へ統合するように方向づけられた。大阪では，市内を大阪市が，周辺部を近畿日本鉄道，京阪神急行電鉄（現阪急電鉄），阪神電気鉄道へ統合された。地方でも中小事業者の統合が進められ，1942年からは陸運統制令に基づき強制的に統合された。この結果，県内を地域ごとに1〜3社程度とするように統合されて，概ね現在の乗合バス会社による事業区域が形成された。

統合が十分になされず複数事業者が並立していた地域でも，昭和30年代以降に企業合併により統合が進んだ。例えば新潟県中越地域では戦後，中越自動車と長岡鉄道がバス事業を経営していたが，休止していたバス事業を再開した栃尾鉄道と競合するようになった。その後，経営悪化などを背景に3社は合併を決定し，1960（昭和35）年10月に越後交通が誕生した。

　東京西部では，八王子を中心とする高尾自動車，秋川流域の五王自動車，青梅，福生など多摩川流域の奥多摩振興の3社がバス事業を営んでいた。1955（昭和30）年に高尾自動車が京王帝都電鉄（現京王電鉄）の資本下に入り，小田急電鉄や西武鉄道との買収合戦を経て奥多摩振興（1956年）と五王自動車（1961年）も京王帝都電鉄の傘下に入ったことで，1963（昭和38）年に3社は合併して西東京バスが誕生した。

■高速バスの登場

　1950年代になると，幹線道路の整備やバス車両の快適性向上を背景に，都市間路線や，東京と軽井沢や箱根など，都市と観光地を結ぶ長距離路線が運行されるようになった。また国鉄バスも広島〜浜田間の広浜線や山口〜博多間を結ぶ関門急行線などを開業した。

　1965（昭和40）年7月，愛知県小牧ICと兵庫県西宮IC間で名神高速道路が全通した。名神高速道路開通により，国鉄バスと沿線の民間バス会社は名古屋と京都，大阪，神戸を結ぶ路線バス運行を計画して，国鉄バスと，民間バス各社が出資する日本高速バスと日本急行バスの3社が参入した。

　1969（昭和44）年5月に東名高速道路が全通すると，国鉄バスと，民間バス会社が共同出資する東名急行バスが長距離高速バスの運行を開始した。国鉄バスは東京〜名古屋間，東京〜静岡間などの昼行便の他，東京〜京都間と東京〜大阪間で夜行高速バス「ドリーム号」を運行した。東名急行バスも，渋谷〜名鉄バスセンター（名古屋）間や渋谷〜新静岡間などの路線を開設した。高速道路利用による速達性や，リクライニングシートやエアサス，冷房を装備した高出力の高速バス車両の登場は，快適な長距離高速バスサービスを可能にした。一方，高速性で新幹線に劣ることや定時性確保など課題も抱えており，東名急行バスは1975（昭和50）年3月で事業から撤退した。

　昭和の終わりから平成にかけて，各地に長距離夜行高速バスが登場した。

1985（昭和60）年12月に関越自動車道と北陸自動車道が接続して東京と新潟が高速道路で結ばれると，東京（池袋）～新潟間を西武バス，新潟交通，越後交通の3社共同で関越高速バスが運行を開始した。東京と地方主要都市を結ぶ長距離夜行高速バスは，1986年12月には東京（品川）～弘前間（685km）で京浜急行電鉄と弘南バスが「ノクターン」を，1990（平成2）年10月には東京（新宿）～福岡天神間に「はかた」が開業して1,000kmを超える路線（1,146km）が誕生するなど，参入が続いた。

　夜行高速バスは，低運賃と高い居住性が高評価を得るとともに，寝ている間に目的地に到着できる利便性が利用者ニーズに合致して隆盛を極めた。一方，高速バスの路線拡大は競合激化を招き，特徴の1つである低運賃ゆえに大都市圏の事業者で不採算となる例が増加するなど，平成時代に入ると，路線の整理，統合が進められた。

■過疎路線の維持に向けた取り組み

　急速なモータリゼーションと地方での過疎化の進行は，乗合バスの利用者減少を招いた。1966（昭和41）年度から離島・辺地等のバス路線に対して車両購入費の補助を行う国庫補助制度が設けられ，1969（昭和44）年度からは路線維持費に対する補助も開始された。

　1972（昭和47）年に過疎バスに対する補助制度は，生活路線維持費補助制度と市町村を対象とする廃止代替バス補助に一新された。補助対象となる生活路線は，平均乗車密度をもとに第2種生活路線と，第3種生活路線に分けられた。第3種生活路線は3年間の時限補助であり，3年経過後は路線廃止か市町村が廃止代替バス運行を選択する必要があった。補助制度の細部で微調整は行われたが，規制緩和までこの制度が続いた。

　乗合バスに対する補助制度が大きく変化するのは，2002（平成14）年2月の規制緩和からである。国が路線維持に責任を持つ路線は複数市町村にまたがる幹線バスで，1日あたり輸送量が15人～150人と見込まれる路線など，一定基準を満たす路線に限定された。この基準から外れる路線の維持は，都道府県や市町村という自治体の責任で維持される体制に変更された。

　さらに2011（平成23）年度からは，公共交通全体を統合した地域公共交通確保維持改善事業に変更され，幹線バスと密接な地域内フィーダーバスサービス

やデマンド交通が補助対象に含まれるようになった。2013年には交通政策基本法が施行されるなど，路線維持に向けて制度の改善が続いている。

(3) 道 路

■道路整備のはじまり

人工的に整備された道路は，すでに古代ローマ帝国や中国の秦の時代から存在していた。「すべての道はローマに通ず」の言葉のように，帝国各地とローマ，各地域間を結び，軍事輸送や生産活動に利用された。同時期に，中国においても秦の始皇帝が都の咸陽と帝国各地を結ぶ大規模な道路システム馳道を整備した。近代的な道路の始まりは，17世紀に登場したイギリスの有料道路，ターンパイク（turnpike）である。イギリスのターンパイクは1830年代には幹線道路中心に2万マイルが整備され，国内経済を発展させる要因になった。

日本においても律令制国家の成立とともに道路整備がなされ，都（奈良の平城京や京都の平安京）と各地を結ぶ七道駅路が設けられた。さらに時代が下って江戸時代になると，江戸を中心に有名な五街道（東海道，中山道，日光街道，奥州街道，甲州街道）が整備された。これら街道は，徒歩や牛馬を用いた移動を前提にしており，明治時代になり馬車，さらには自動車が導入されると，劣悪な道路状態が目立つようになった。明治時代にも山形県令になった三島通庸による道路整備など注目すべき動きはあったが，国と自治体の責任区分や費用負担を定める道路法（旧道路法）が成立したのは1919（大正8）年である。

■一般道路の整備と自動車関係諸税

1956（昭和31）年に発表されたワトキンス報告書で，「日本の道路は信じがたい程に悪い。工業国にして，これほど完全にその道路網を無視してきた国は，日本の他にはない」と記述された日本の道路事情だが，その後の着実な整備により1990年代になると「無駄な道路整備」が注目を集めるまでになった。一般道路の整備は，道路法に基づき，国土交通省や都道府県，市町村という公的主体が担っている。具体的計画は，1954年以来12次にわたる道路整備5カ年計画を基本にしてきた。

道路整備にあたっては，受益者負担の考え方から道路利用の程度に応じて税を賦課する特定財源制度が用いられた（表2-2）。自動車関係諸税には，揮発

表2-2　自動車関係諸税の概要

対象	種　目	創設年	国・地方	特定・一般	課税根拠法	特定化方法	備　考
使用	揮発油税	1949	国	特定	揮発油税法	特定財源	1954年より特定財源化
使用	地方道路税	1955	地方	特定	地方道路税法	目的税	全額が地方道路譲与税として地方へ。2009年地方揮発油税に改称。
使用	軽油引取税	1956	地方	特定	地方税法	目的税	
使用	石油ガス税	1966	国	特定	石油ガス税法	特定財源	1/2が石油ガス譲与税として地方へ。
保有	自動車税	1950	都道府県	一般	地方税法	—	1958年に軽自動車を分離
保有	軽自動車税	1958	市町村	一般	地方税法	—	
保有	自動車重量税	1971	国	特定	自動車重量税法	運用・特定財源	1/4が自動車重量譲与税として地方へ。
取得	自動車取得税	1968	地方	特定	地方税法	目的税	

注1：2000年前後までの状況を描写している。
注2：「国・地方」は国税か地方税かではなく，国の道路整備財源か地方のそれかを示す。
（出所）　太田和博『日本の道路政策』p.179

　油税と地方道路税（両者を合わせてガソリン税と称する）など，課税対象として道路使用に課す税や，保有に課される自動車重量税や軽自動車税，車両購入時に課される自動車取得税がある。

　特定財源制度は，税収の使途が限定されており，道路の利用に応じた負担となるため，受益と負担が一致する利点がある。一方，交通部門の一部である道路建設や維持に税収の使途を限定する意義や，地域間や車種間での負担の公平性など課題も存在する。2002年度の道路税収に，一般財源分の自動車重量税と自動車税，軽自動車税を加えた総額は7兆8,988億円になり，財源の多くが道路整備に支出されていた。道路特定財源は，小泉首相による構造改革の一環として，2003年度以降使途が拡大され，2008年度以降は一般財源化された。

■高速道路の整備

　1956（昭和31）年の道路整備特別措置法と日本道路公団法の設立を受けて，日本の高速道路は有料道路として整備されてきた。1963（昭和38）年7月に日本初の高速道路として名神高速道路の栗東〜尼崎間が開通し，1969年5月に東名高速道路の大井松田IC〜御殿場IC間が開通して首都圏と京阪神圏が高速道路で結ばれた。1966年には国土開発幹線自動車道建設法が定められ，全国の地方都市や農山村から概ね2時間以内にアクセスできることを目標に，高速道路

網7,600kmの整備が計画された。さらに1987年には第四次全国総合開発計画の一部として1万4,000kmの高規格幹線道路の整備が発表された。この計画では，高速交通サービスの全国的な普及，主要拠点間の連絡強化を目的に，地方中枢・中核都市，地域の発展の核となる地方都市及びその周辺地域から概ね1時間程度で利用可能となることを想定している。

　高速道路整備では，借入金の償還に料金収入を充てる償還主義が採用された。当初は借入金で調達した路線の建設費を，当該路線の自動車利用者から通行料金を徴収して返済する路線別償還制度であったが，1972（昭和47）年10月に全路線を建設するために調達された借入金を，全路線の料金収入で返済する料金プール制に変更された。プール制は，建設時期により用地費や工事費等が異なることから生じる，事業採択時期による料金格差を避けるメリットがある一方，路線ごとの収支が異なるために黒字路線と赤字路線の間で内部補助を生み出すとの批判も存在する。

　1990年代半ば以降，自動車保有台数は横ばいになり，高速道路利用台数の増加も頭打ちになってきた。一方，建設費は物価上昇や，山間部の整備区間が増加したことなどから上昇し続けており，1万4,000kmを整備するには，通行台数の増加か，料金の引き上げが必要になった。償還期間の延長（30年から，40年，45年へ）や，採算性の厳しい路線への国費投入，施設の大規模更新に充てる財源確保など，様々な課題に対応するため高速道路の料金スキームは複雑化している。

⑷　航空輸送
■第二次世界大戦期までの航空事業，航空機の大型化，高速化
　20世紀になると航空機が登場する。1903年12月のライト兄弟による初の動力飛行に始まり，1914年にはフロリダ州で世界初の定期旅客航路が水上機により開設された。さらに1919年にはパリ〜ロンドン間に定期航路が設けられた。初期の飛行機は快適とは言いがたかったが，1936年には従来の旅客機より多くの乗客と貨物を搭載できる全金属製モノコック構造のダグラスDC3が登場するなど，居住性も徐々に改善されてきた。1952年5月には世界初のジェット旅客機デ・ハビランド コメットが就航した。1957年12月にはボーイング707-120

が，翌年5月にはDC8-10が初飛行して，機体の大型化，ジェット化など性能向上が進み，航空輸送の利用者は増加した。さらに1970年1月にはジャンボの愛称で知られるB747-100がパンアメリカン航空のニューヨーク～ロンドン線に就航した。

戦前に就航したレシプロエンジンのDC3は乗員乗客合わせて30人前後で時速241km/h，航続距離1,648kmの機体であったのに対して，初期のジェット機であるDC8-61では乗員乗客234人，速度マッハ0.8，航続距離5,800kmであり，B747-200Bでは乗員は391人，航続距離は10,000kmを超えた。このような機材の大型化，高速化は航空輸送の大衆化に大いに貢献した。

■日本における航空事業の再開と45.47体制

日本の航空事業は，1951（昭和26）年の日本航空（旧日航，53年に政府出資を含む特殊会社に改組）の設立により実質的に再開した。再開当初は36人乗りのマーチン202が使用されたが，数年を経てより高性能なDC4やDC6-Bが国内線でも使用されるようになった。

国内航空輸送では，1952年に日本ヘリコプター輸送（大阪以東）と極東航空（大阪以西）が免許を得たが，需要不足とコスト高から経営状況は悪く，1958年に両社が合併して全日本空輸（全日空）が誕生した（図2-1）。この他，北日本航空，藤田航空，富士航空，日東航空，東亜航空，中日本航空などが設立された。これら航空会社の経営も苦しく，藤田航空や長崎航空の定期部門が全日空に継承された他，北日本航空と富士航空，日東航空が合併して1964年に国内航空が設立された。さらに1971年に東亜航空と合併して東亜国内航空（後の日本エアシステム）が誕生した。

1952年度にわずか10万人であった国内航空輸送人員は，1960年度に112万人，1969年度に1,180万人へ増加したが，ローカル線を中心に厳しい経営状況が続いた。この状況に対し1970（昭和45）年の閣議了解，1972（昭和47）年の運輸大臣達により，「日本航空」は国際線と国内幹線，「全日空」は国内幹線と国内ローカル線，近距離国際チャーター便，「東亜国内航空」は国内ローカル線と一部幹線のように，航空会社ごとに事業分野の棲み分けが実施された（45.47体制）。45.47体制のもと，70年代半ば以降，集約化による経営安定と，経済成長による利用者の拡大，内部補助による路線網維持により，日本の航空事業は発

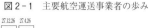

図 2-1　主要航空運送事業者の歩み

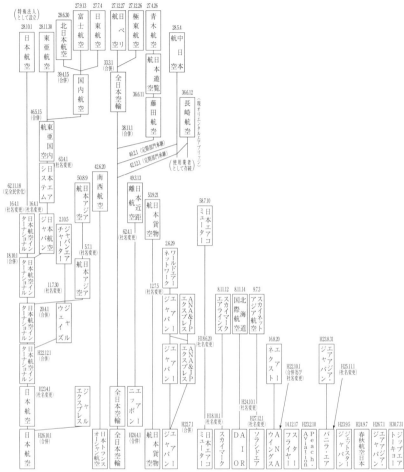

注 1 ：日本航空と日本エアシステムは，平成14年10月 2 日に共同持株会社「日本航空システム」を設立し，経営統合。平成16年 6 月26日「日本航空システム」から「日本航空」へ社名変更。

注 2 ：平成22年10月 1 日，「エアーニッポンネットワーク」を存続会社として「エアーネクスト」，「エアーセントラル」と合併するとともに「ANA ウイングス」に社名変更。

注 3 ：平成25年 4 月 1 日付けで全日本空輸㈱を吸収分割し，承継会社 ANA ホールディングス㈱（平成24年 4 月 2 日設立）に航法法上の地位を承継することで持株会社制へ移行するとともに，同日付けで「ANA ホールディングス㈱」は「全日本空輸㈱」に，「全日本空輸㈱」は「ANA ホールディングス㈱」に社名変更。

（出所）　航空振興財団『数字でみる航空2020』

展することになる。

⑸　内航海運，河川交通
■鉄道との競争と旅客輸送の衰退

　水運の利点は大量輸送にあり，沿岸航路や河川航路は，江戸時代まで人や物資の輸送で重要な役割を担っていた。沿岸航路では東北や北陸，山陰から大阪，江戸へ米や特産物を輸送する西廻り航路，三陸や磐城などから太平洋岸沿いに江戸へ向かう東廻り航路，江戸と大坂を結ぶ南海路が発達した。富士川や天竜川，最上川など主要河川では，舟運を利用可能にするよう改修が行われ，貨物の積み替え地には港町や河岸町が発達した。

　勾配が急で流れが速く，最大流量と最小流量の差異が大きい日本の河川は，輸送路として条件が悪く，明治半ば以降に鉄道網が整備されてくると，競争力を失う例が多かった。また洪水対策として堤防の嵩上げなどを行う高水工事が河川で進んだことも，河川交通の衰退につながった。その結果，舟運は内航海運の積み卸しと，都市内河川を利用した配送が中心になっていく。

　ただし利根川水系と瀬戸内海沿岸においては，明治末頃さらに鉄道の開通が遅れた地域では大正期まで競争力を維持し続けた。河口に大消費地である東京が位置し，醤油（銚子，野田）や味醂（流山）などの商品輸送の動脈として利用された利根川水系では，汽船を利用した定期航路の開設や，利根川と江戸川を結ぶ利根運河開通など近代化が進められた。瀬戸内海沿岸では，関西財界の協力で中小船主の合同により発足した大阪商船など多くの海運業者が，洋式帆船による定期航路を開設して，急行列車の運転や食堂車・寝台車を連結してサービスアップに努めた山陽鉄道と激しい競争を続けた。一方，汽船や洋式帆船の普及は，風待ちに利用されてきた多くの港町を衰退に追い込んだ。これら港町では，幹線鉄道と結ぶローカル鉄道を建設して生き残りを図る動きも見られた。

　幹線鉄道網の整備が進むとともに，連絡船や離島航路などを除き，旅客輸送で内航海運や河川交通が果たす役割は縮小した。内航海運は，大量輸送の特性を活かした貨物輸送が中心になっていく。

2　交通機関の特性

　交通機関ごとの特性を，鉄道（都市高速鉄道），乗合バス，自家用車，船舶，航空についてみていこう（表 2 - 3，表 2 - 4）。

　鉄道が持つ大きな特徴は，大量輸送にある。例えば，首都圏の郊外から都心部へ通勤，通学する定期利用者は非常に多く，『都市・地域交通年報』によると2016年に JR 中央線の朝ラッシュ時上り（東京方面行き）は10両編成が 2 分間隔で運行されており，輸送力は 1 時間あたり 4 万4,400人である。ラッシュ時の中央線の混雑率は200％近いため，実際の輸送人員はさらに多く，中野→新宿の最混雑区間でラッシュ時には 8 万3,220人（2016年）を数える。大都市圏の通勤，通学輸送は大量輸送機関である鉄道の特性が生かせる典型的な分野といえる。また線路上をダイヤに従い運行するため，定時性を確保しやすいことや，事故が少ないこともメリットである。一方，建設や列車運行には多額の資金が必要である。高速鉄道の建設費はキロあたり250〜300億円程度（地下に建設される地下鉄はより高額になる）が必要とされ，運行費も年間11億円と予測される。また出発地から駅まで，駅から目的地まで末端交通を必要とする。

　公共交通機関でも乗合バスは，鉄道と比較して必要な資金額は少なく，路線設定や乗降場所の自由度も高いという特徴がある。一方，鉄道と比較して輸送力が1/10〜1/20程度と小さい上，渋滞に巻き込まれやすく定時性に劣る。

　高速鉄道ほど輸送力を必要とせず，建設費など費用を抑えた交通手段として，モノレールや路面電車（LRT），ガイドウェイバスなど，高速鉄道と路線バスの中間に位置する交通機関（中量輸送機関）も存在する。

　自家用車は，輸送機関の中で大きな役割を担っている。ドアからドアへの一貫輸送が容易であり，日時や場所に応じて利用者の都合に合わせた輸送が可能となる。反面，大量輸送に適さず交通渋滞を引き起こしやすい，交通事故や大気汚染など公害の発生，エネルギー効率が悪いなど課題を抱えている。

　高速輸送に適した交通機関が航空である。その特性は，特に長距離輸送で発揮される。課題としては，運賃が高いことや空港間の輸送に限定されるため，出発地から空港までのアクセス輸送，空港から目的地までのイグレス輸送とい

表2-3 交通機関ごとの特性

	長 所	短 所
鉄道 (都市高速 鉄道)	大量輸送が可能 定時性の確保が容易 事故が少ない 低公害，省エネ	整備，運行に多額の資金が必要 駅から駅への移動であり，乗換（積換） が必要（末端交通手段が必要） 緊急輸送がしにくい（ダイヤの制約）
乗合バス	鉄道に比べて必要な資金が少ない 路線設定や乗降地点の自由度が高い 道路幅員や需要に応じた車両選択が可能	鉄道に比べて輸送力が小さい 渋滞に巻き込まれやすく定時性が劣る 運行ルートやバス停がわかりにくい 車両の乗降口とバス停の位置関係により 乗降しにくいことがある
自家用車	ドアからドアへの一貫輸送が可能 自家輸送が容易 時期，場所に合わせた輸送が容易	大量輸送に適さない 交通事故，公害の発生 エネルギー効率が悪い
船舶	大量，低廉輸送に向く 重量物，巨大貨物の輸送が容易	天候の影響を受ける 港湾関係，荷役費用の存在 輸送速度が遅い
航空	高速輸送	運賃が高い 重量制限がある 空港間の輸送に限定される

(出所) 筆者作成

表2-4 交通機関に必要な費用や輸送力

システム	建設費 （車両費を含む） 億円/km	表定速度 km/h	最大輸送力 人/h	年間運行費 億円/km
都市高速鉄道	250〜300	30〜35	64,000	11
モノレール	システム30〜70 インフラ35〜75	30	21,000	5.5
路面電車，LRT	ガイドウェイバス より安い	20〜25	11,000	2.8
ガイドウェイバス	50	25〜30	4,000	―
基幹バス	3	20	4,000	―
（通常）バス	≒0	12	2,500	0.41

(出所) 地田信也，市場一好「都市における交通システム再考」p. 79

う末端輸送を別途必要とする。

　大量輸送や重量物，巨大貨物の輸送に適した船舶は，貨物輸送で大きな役割を担っている。一方，天候の影響を受けやすいことや速度が遅いとの短所もあり，現代の日本の旅客輸送では離島航路など，利用は一部に限定されている。

注
(1)　軌道のうちモノレールや新交通システム，大阪地下鉄（大阪市高速電気軌道）のように実態として都市高速鉄道である路線を除いた数値。
(2)　1985年4月に日本電信電話公社（電電公社）は日本電信電話株式会社（NTT）へ，日本専売公社（専売公社）は日本たばこ産業株式会社（JT）へ民営化された。
(3)　1903年1月に広島県横川〜可部間で乗客を乗せて運行した事例も伝えられるが，この路線の正式運行は1905年とされている。

練習問題
1．交通機関の発達により，人々の生活がどのように変化したか，自分の身の回りの事例から考えなさい。
2．2018（平成30）年に行われた東京都市圏パーソン・トリップ調査によると，周辺部から東京区部への通勤，通学では鉄道が多く利用されている。一方，私事目的では自動車や徒歩の利用が多い。その理由を交通機関の特性から説明しなさい。

参考文献
運輸総合研究所編（2022）『平成30年版　都市・地域交通年報』運輸総合研究所
老川慶喜（2014）『日本鉄道史　幕末・明治編』中公新書
──（2016）『日本鉄道史　大正・昭和戦前編』中公新書
──（2019）『日本鉄道史　昭和戦後・平成編』中公新書
太田和博（2020）『日本の道路政策』東京大学出版会
国土交通省航空局監修（2020）『数字でみる航空2020』日本航空協会
地田信也・市場一好（2003）「都市における交通再考」『土木学会誌』第88巻第8号
日本バス協会編（2008）『バス事業百年史』日本バス協会
野田正穂・原田勝正・青木栄一・老川慶喜編（1986）『日本の鉄道　成立と展開』日本経済評論社
山本弘文編（1986）『交通・運輸の発達と技術革新　歴史的考察』国際連合大学

第3章

交通市場ごとの特性

キーワード

交通市場の分類　総合交通体系論　大都市型交通市場　地方都市型交通
市場　農山村型交通市場

富山ライトレール（現富山地方鉄道富山港線）：利用者が減少傾向にあった JR 富山港
線を LRT に転換し，地方都市における公共交通改善のモデルとなった。

本章では，従来の交通モード別分類に代わる視点として交通市場における「競争」のあり方に着目し，その差による交通市場の分類を検討する。そのような分類を行う意義について説明した後，まず旅客輸送市場と貨物輸送市場の違いについて考察する。そして旅客輸送市場に焦点を当て，第3節では「地域間輸送市場」について，そして第4節では「地域内輸送市場」について検討する。

1　交通市場の分類

　交通市場を分析するに際して，その特性を分類して整理することがしばしば必要となる。このとき，従来から鉄道・自動車（道路）・海運・航空といったモード（交通手段）別に分類することがなされてきた。第2章で見たように，各モードには技術的・制度的な要因を含む様々な特性があり，政策担当者や研究者もそれを理解する必要があるため，今日に至るまで交通研究においてはモード別の分類が根強く残っている。

　しかしながら，それは交通サービスを供給する側の論理でもある。交通市場が特定の事業者の「独占」に近い状態であった時代にはその事業者の都合で市場が左右されるため，モードの特性を第一に考える必要があった。しかるに交通市場がモード間の「競争」を余儀なくされるようになると，モード別の交通研究では異なる交通モード間の関係を考察できないという限界が指摘されるようになった。また，都市郊外におけるパーク＆ライドや空港へのアクセス交通の問題など，複数モード間の「接続」をどのように設計するかという問題もある。新幹線駅や空港と地域内の目的地を結ぶ端末交通の利便性の問題はしばしば地域間交通の競争にも影響する。このようなときに，複数の交通モードを公平な視点で比較検討することが重要である。

2　旅客輸送と貨物輸送

　「人間」を輸送するのが旅客輸送であり，それ以外の「財」を輸送するのが

貨物輸送である。あまりにも自明と思われるかもしれないが，この両者は必ずしも完全に分離されるものではない。終戦直後の列車はしばしば殺人的な混雑状態であったことが知られるが，それは都市部の住民が農村に食糧を買いに行く（物々交換を含む）ためであった。都市部への食糧（貨物）の輸送が機能していなかったがゆえに膨大な買い出し（旅客）輸送の需要が生じたのである。あるいは，今日でも旅客輸送の少なくない割合を占めるのは出張などの業務交通である。これは様々な「情報」を人間が移動することを通じて輸送する行為であると解釈することができ，その一部は郵便や宅配便などによって代替可能である[1]。

　中長期的には，人の移動の利便性は企業の立地にも影響する。財を生産する工場の立地が「人間」の輸送に左右された例としては，1980年代の九州における半導体工場の立地が挙げられる[2]。九州における半導体工場の立地を調べたところ，熊本・大分などの空港からほど近いところに多く立地していた。この理由について当初は（軽くて付加価値の高い）半導体を航空輸送するためと考えられていたが，実際には半導体輸送はトラックが主体であった。工場が「臨空立地」していたのは半導体輸送のためではなく，半導体の設計などにあたる技術者の移動の利便性を考慮した結果であったのである。

　旅客輸送と貨物輸送はその需要においては相互に代替／補完関係を持つが，供給面では（航空輸送を除いて）互いに分離する傾向にある。その大きな要因として，「乗り換え」における事業者側の負担の問題がある。旅客は自ら乗り換えてくれる一方，貨物の場合は荷物をいったん積み下ろしまた別の輸送手段に積み込む必要がある。それらの積み下ろし／積み込みには多大な労力が必要になるため，可能な限りそれを少なくするような輸送が必要になる。鉄道の長距離旅客輸送の大半が新幹線に移行する一方，貨物輸送において新幹線がほとんど利用されないのはまさにこの理由による。そして，旅客輸送においては「地域内輸送」が少なくない部分を占めるのに対し，貨物輸送では「地域間輸送」が卓越するという点も違いとして挙げられる。

3　旅客交通：地域間輸送と地域内輸送

　旅客交通については，われわれの日常の生活圏の範囲を基準として，その範囲を超える「地域間交通」と超えない「地域内交通」に大別される。**表3-1**は，そのような交通市場分類を整理したものである。ただし，地域間交通と地域内交通の区分は必ずしも自明ではない。交通技術の発達や社会の変化に伴い，そのどちらともつかない交通が生じてくる。

　「地域間輸送」市場については，特に我が国の場合国境を越えるか否かでさらに市場を大きく分けることができる。国境を越える「国際交通」については，旅客はほぼ航空輸送のみである一方，貨物については重量ベースでは海運のシェアが大きい。そして航空・海運のいずれにおいても，外国の事業者との競争がなされている。かつては，運賃水準や事業者の参入・退出の調整に政府が関与する部分が大きい市場であったが，今日では規制緩和の流れの中で自由化が進められている（航空産業の規制緩和の実際については第7章を参照）。

　国内の地域間輸送市場の場合でも複数の交通モード間，あるいは同一モードの企業間での競争がなされる市場が存在する。短距離では自家用交通が受け持つ部分も少なくないが，長距離になるほどその中心は交通事業者が供給するサービスに依存するようになる。

　政策的には，これに対して移動距離帯に応じて各モード間のすみ分けを促す「総合交通体系論」に基づく政策が長らく指向されてきた。総合交通体系論は，交通手段別の分担率を比較すると（図3-1），距離帯別にみて近距離は自動車，中距離（300～700km）は鉄道，遠距離は航空機の比率がそれぞれ高くなる。このことを根拠に，それぞれの距離帯で多く選択される交通手段に優位性があるとし，それを前提とした交通整備を主張する。より具体的には，距離帯別に優位性のある交通手段に極力特化させるように交通整備を行うべきだという主張である。

　このような政策は，交通投資財源が限られている場合の投資基準としては一定の意味を持つものの，ともすると特定のモード（主に鉄道）の「保護」に結びつき，さらには交通モード間の競争を抑制する副作用をもたらしてきた。そ

表 3-1　交通市場の分類

交通市場の分類		市場の基本的な特徴
地域間交通市場	国際交通市場	制度的・政治的要因によって決定される部分が多いが近年は自由化の方向
	国内交通市場	異なる交通手段を使用する交通事業者間競争が激しい 近距離では自家用車も多用
地域内交通市場	大都市型	鉄道など公共交通事業者間の競争が中心
	地方都市型	公共交通と自家用交通の間の競争が中心
	農山村型	自家用交通中心～競争のない市場

(出所)　須田 (2009) を一部修正

図 3-1　距離帯別交通機関分担率 (2015年度)

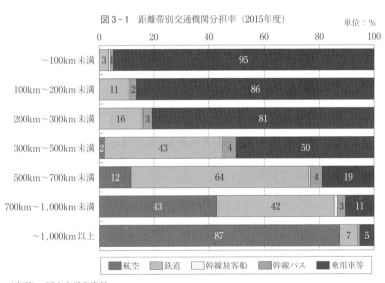

(出所)　国土交通省資料

の結果，運賃の上昇（高止まり）やサービス水準の停滞など，利用者の利便性と相反する結果となる場合もしばしば見受けられた。

　競争が抑制されたことによる交通サービス水準停滞の一例として，新幹線の最高速度がある。1964年に開業した東海道新幹線の最高時速は210km/hであったが，この時速は1982年に開業した東北・上越新幹線でも変わらなかった（ちなみに，その前年の1981年にフランスの TGV が最高時速260km/hで開業している）。

　例えば首都圏では，今日でも片道通勤時間が1時間を超えることは珍しくない。それでも鉄道の混雑率は高く，また住宅の価格も高い。ここで，同じ1時間でも新幹線を利用すれば座って通勤できる確率も高く，何より住宅の価格も安い。この点に目をつけ，新幹線で通勤・通学するという発想が生まれた。もちろん新幹線を利用することで特急料金を含む運賃も高くなるが，その通勤費用（定期代）を企業が負担することが認められるようになると，その需要は増加した。

　1990年代以降地価水準が下がるとこのような需要は解消されると思われたが，今日でも新幹線通勤を行う利用者は少なくない。その背景には，新幹線沿線の自治体が住民を増やすために新幹線通勤を支援したこと，さらにはJR自身も新幹線通勤の需要を取り込むべく新幹線の増発や「二階建て新幹線」の開発などを行ったことなどがある。
*
　新幹線は本来ビジネスや観光などのための「地域間交通」の手段として建設されたものであるが，それが今日では通勤・通学という日常生活で行う「地域内交通」の手段としても機能しているのである。

＊ただし，新幹線の二階建て車両は今日ではすでに引退している。

東海道新幹線では，1986年にこの最高時速が引き上げられるまで実に22年を要している。そしてその後の最高時速の上昇（現在は東北新幹線で320km/h，山陽新幹線は300km/h，東海道新幹線でも285km/h）に鑑みたとき，この停滞は技術的困難性よりも，旧国鉄時代には意識しなかった航空機との競争を，1987年の民営化前後から意識するようになったからとみた方が自然であろう。

　他方，我が国の場合でいえば1987年の国鉄民営化，1990年代に進行した航空産業における規制緩和を通じて，この市場は特に競争的になり，運賃・料金，所要時間，その他のサービス面で大きな改善がみられるようになった。

4　地域内輸送：大都市圏・地方都市圏・農山村地域

　次に，「地域内輸送」市場については，市場内の競争の形態に応じて「大都市型」「地方都市型」「農山村型」の3つに類別することができよう。地域内（旅客）交通市場で考慮される交通手段は，鉄道を初めとする「公共交通」と

自家用車である。公共交通にはいうまでもなく多様なバリエーションがあり、また自家用交通としては自家用車の他に「徒歩」や「自転車」も存在するが、市場の類型化のためには鉄道・バスと自家用車に着目すれば十分である。

ただしこの 3 類型が、どの程度の地域人口規模で成立するのか、各類型の境界がどのあたりにあるのかについては必ずしも不変ではない。我が国の場合、首都圏が大都市型であることは間違いないが、名古屋圏、そして京阪神圏においては鉄道輸送人員が長期にわたって低下傾向にある。それに伴い、これらの地区が今日でも大都市型に相当するかどうかは首都圏ほど自明ではない。

例えば、関西地区における大手私鉄では縁辺部のローカル路線を経営分離した事例がいくつかある。JR 和歌山駅から伸びる貴志川線もその 1 つで、2006 年までは南海電鉄の路線であった。この線を廃止しようとした南海電鉄に対し、地元住民が存続を強く要望し「和歌山電鐵」として再出発したものの、経営状態は依然として苦しいままであった。この鉄道がその後全国的に有名になったのは、終点の貴志駅で飼われていた猫を「たま駅長」として起用したことによる。たま駅長の活躍については報道などで広く知られるところとなり、この猫に会うために和歌山電鐵を訪れる利用者が増え、貴志駅は和歌山県の観光名所となった。たま駅長の活躍が和歌山電鐵の経営に大きく寄与したのは確かであるが、それは同時にこの鉄道が沿線住民の通勤通学のための手段としてだけでは成り立たないことを示している。

地方都市型と農山村型の境界も同様である。モータリゼーションの進展により、鉄道のみならず路線バスの廃止・縮小も相次ぎ、公共交通が一定の役割を果たしている地域が以前より狭められてきている。その結果、農村ではない「小都市」であっても交通市場としては農山村型に相当することはもはや珍しいことではなくなっている。

(1)　大都市型交通市場

「大都市型」交通市場の特徴は、「公共交通間の競争」である。域内の主要な 2 地点間を移動するためのルートが複数あり、それぞれ別の事業者によって運行されている。また直接競合しない事業者同士も、都市の住民が「どの沿線に住むか」という観点からの競争に直面している（この点については第12章を参照）。

利用者獲得のための競争はもっぱらその事業者間で行われている。もちろん大都市圏においても自家用交通はあるが、中心は業務用ないしはレジャー用であり、通勤・通学については公共交通が中心といってよい。我が国の大都市は、域内輸送に占める公共交通、特に鉄道の比率が他の先進諸国に比べて際立って高いことが知られている。

　この市場における最も顕著な「交通問題」は、圧倒的な交通需要を満たすだけの交通施設の供給が不足していることからくる鉄道並びに道路の「混雑」の問題である。この対策として、一方では新線建設や複々線化などの交通容量の拡大が計画されており、他方では発生する交通需要自体を調整する交通需要マネジメント（TDM）が模索されている。そして TDM を実施するに際しては、単に交通政策としてのみならず、オフィスの郊外分散やテレワークの推進など都市構造さらには都市住民の生活スタイル自体を見直すことが政策的な視野に入ってくる。

　もう 1 つ挙げるならば、大都市圏の交通需要は単に量が多いのみならず、多様な交通需要が顕在化している。それらの需要は他の市場にも存在するものの、それらの市場における需要量はわずかであるがゆえにもっぱら自家用車による対応がなされる。これに対し、大都市圏では多様な需要それぞれが一定の量を持つため、それぞれに応じた公共交通手段が導入される。空港アクセスや郊外のニュータウンなどへは中量輸送手段としての「モノレール」や「新交通システム」がしばしば整備される。ただしこれらが経営上成功しているかというと、必ずしもそうとは言えない。[4] これらの輸送機関は輸送能力が小さい割に建設コストが高く、また他の鉄道に乗り入れることが不可能なこともあり、採算の取れる路線は限られている。

　他方住宅地域などの小規模需要に対応するために導入されたのが通常の路線バスより小型の車両を用いた「コミュニティバス」である。コミュニティバスは輸送量が小さいため、地方都市や農山村地域でもしばしば導入されているが、その利便性を知らしめたのは東京都武蔵野市の「ムーバス」（第15章参照）であった。

(2)　地方都市型交通市場

「地方都市型」の交通市場では，公共交通同士の競争は皆無ではないがその競争は各企業にとってあまり死活的なものではない。重要な競争はむしろ二輪車や自転車も含めた自家用交通との競争である。地方都市では通勤・通学においても自家用車などが用いられることが多く，公共交通事業者はしばしば守勢に立たされる。特に大量輸送が存立の前提である鉄道の場合，路線の廃止や経営破綻などの深刻な事態をもたらす事例も見られる。

ただし地方都市では，全ての交通需要を自家用交通で賄うことは，道路渋滞などの外部不経済の見地から望ましくないと判断されることが多い。自家用交通との競争においても，速達性・定時性などの利点を十分に発揮できるようにすればまだ存続の道はあり，かつそれは社会的に望ましい選択である。そのような選択をどのように実現するかがこの市場における最大の問題である。そのために求められる政策としては，従来は免許制などによる参入規制（＝域内での内部相互補助）という枠組みが中心であった。しかし，近年ではその枠組みの限界が指摘されるようになり，「上下分離」などを活用した資本費補助がいくつかの事業者に対してなされている（「上下分離」については第6章を参照）。そのような例としては JR 富山港線を後述する LRT に転換した「富山ライトレール」（現富山地方鉄道富山港線）の他，群馬県の中小私鉄である上信電鉄・上毛電気鉄道ならびに第3セクターのわたらせ渓谷鐵道に対する県の関与（「群馬方式」と呼ばれる）などが挙げられよう。

地方都市では大都市圏に比べて輸送需要の絶対量が小さいため，公共交通機関として鉄道ほどの輸送力は必ずしも必要ない。そのため多くの都市ではバスが域内公共交通の主力となっているが，バスは自家用車と道路を共有するため，交通渋滞など自家用車のもたらす外部不経済の影響を受けやすい。このため近年脚光を浴びている中量輸送機関が LRT（Light Rail Transit）である。戦前から昭和30年代にかけて，都市交通の中心は大都市・地方都市いずれにおいても路面電車であった。しかしその後第2章で述べた通り，多くの都市では路面電車が廃止されるに至った。ただしそれでも路面電車を都市交通の中心として残した都市もあった。広島市や長崎市などがその例としては知られている。

とはいえ路面電車には，高齢者や身体障碍者にも乗降がしやすい，環境への

負荷が小さい，郊外の鉄道への直通運転が可能である，などのメリットも大きい。今世紀に入る頃からこれらの点が再評価されるようになった。

　1997年に熊本市交通局が従来の路面電車の車両より大型・低床な車両を導入したのを皮切りに，各地で同様の車両が導入されるようになった。その中でも，JR が廃止も検討した路線を引き受け，道路交通との調整にも留意した LRT として再生させたことで脚光を浴びたのが富山ライトレールである。富山に続く都市はなかなか現れなかったが，近年では都市中心部で私鉄が道路上を走っていた区間を生かして LRT 化した福井市や，2023年 8 月に新路線を開業させた宇都宮市などの事例が知られている。

　そのほか前項で挙げた「モノレール」や「新交通システム」も考えられるが，主に輸送コスト上の問題があり，我が国の地方都市で採用された事例はきわめて少ない。現存する例として，やや規模の大きな都市では「北九州高速鉄道（北九州モノレール）」や「広島高速交通（アストラムライン）」，それ以下の地方都市では那覇市の「沖縄都市モノレール（ゆいレール）」がある程度である。

(3)　農山村型交通市場

　大都市型・地方都市型ともに，交通市場の形態こそ違うもののいずれも「競争」が存在した。しかし，こと「農山村型」交通市場の特徴は，自家用交通が交通の基本となる結果，市場における「競争」がほとんど存在しなくなることにある。需要者は各自が必要とする交通を各々生産する。このとき互いに外部不経済を及ぼすことがほとんどないのがこの市場である。

　この市場における大きな問題として挙げられるのは，必要な交通サービスを自ら供給することができない，より具体的には自家用車の運転ができない高校生や高齢者などの，いわゆる「交通弱者」とされる人々に対していかに交通サービスを供給するかという問題である。この問題はしばしば，この地域においても交通弱者のために公共交通を維持すべし，という議論につながるが，この議論にはいくつかの留保条件が必要である。まず高校生や高齢者が公共交通を必ずしも積極的に選好するとは限らない点が指摘されねばならない。高校生の場合，登校時は公共交通を利用しても，下校時は部活動などの関係で都合の良い時間帯に鉄道やバスが利用できない場合が多い。高齢者にとっては鉄道・

バスは階段や段差が多く，利用に際しての障壁となっている。また交通弱者を社会的「弱者」扱いすることによって，彼（女）らが必要な公共交通を「受益者負担」によって賄うことを困難にする。例えば上記の理由で登校時しか利用しない高校生もしばしば通学定期券を購入している。片道しか利用しなくても元が取れるほど通学定期券が安いためである。もちろん単純に通学定期券を値上げすれば片道すら利用しなくなるであろうから安いことに意義はあるが，このような格安の通学定期券がもっぱら交通事業者の負担によって維持されていることは指摘されねばなるまい（この点については第15章で再度検討する）。

　他方，このような地域でも，かつての交通需要に対応するために建設された鉄道線路などのインフラが即座に失われるわけではない。むしろ，そのようなインフラが利用可能である地域では，非大都市圏，それもかなり人口密度の低い地域でも鉄道を維持することが可能になる場合がしばしばあり，実際そのような路線（事業者）が今日でも現存している。もちろん，現在存続している事業者の経営が決して安泰なわけではない。インフラが災害などで毀損した場合，あるいはインフラを維持していく費用を安定的に確保できない場合，鉄道を維持することが不可能になる。これは近年相次いでいる地方鉄道の路線廃止に共通する要因でもある。そのような事態を回避するべく，多くの自治体では特に第３セクター鉄道に対して各種の補助を行っているが，現状では必ずしも有効な補助とはなっていない。

　農山村地域で公共交通を何らかの形で維持するための試みとして，タクシーと路線バスを折衷させた運行形態である「デマンド交通」の整備や，宅配便業者と提携して路線バスで宅配便を輸送する（宅配便業者からの支払いによってバスの運行費用を補填する）などの施策が挙げられる（これらの施策の詳細については例えば青木編：2020を参照）。しかしながら，これらの施策を通じて公共交通を安定的に維持することが可能になった事例はまだみられず，各地で模索が続いている。

　なお，農山村地域の公共交通における特殊な事例として，各地にある「離島航路」がある。住民が自家用車を利用している陸上交通と違い航路廃止が住民の生活に直接打撃を与えるため廃止は容易ではないが，多くの航路が赤字に苦しんでいることもまた事実であり，対策に苦慮している。

―――――――― コラム▶▶ぬれ煎餅の奇跡 ――――――――

　　千葉県銚子市を走る銚子電気鉄道（銚子電鉄）は，利用者の減少に加え，当時
の経営陣の不祥事によって補助や融資も打ち切られたため，2006年には鉄道の安
全維持に不可欠な6,000万円ほどの費用の捻出もままならぬ状態に陥った。これ
までも副業として行っていた銚子名物の「ぬれ煎餅」の製造・販売でしのいでき
たが，当時の売り上げでは到底賄いきれない金額であり，鉄道廃止は時間の問題
と思われた。

　　追い詰められた銚子電鉄は，インターネットに「ぬれ煎餅を買ってくださ
い‼」という告知（この告知文は，今でも銚子電鉄のホームページに残されてい
る）を上げたところ，これが話題となり，ぬれ煎餅の売り上げが激増した。これ
によって費用捻出が可能になり，銚子電鉄は奇跡的に廃線を免れた。「ぬれ煎餅
の奇跡」と言われるゆえんであるが，これは他の事業者には実行することが困難
な事例であり，その意味でも奇跡であると言えよう。

注
⑴　他方，長期旅行の際に着替えなどの荷物を宅配するなど，人の移動が物の移動を
　　促す側面もある。
⑵　半導体工場の立地は長野県など首都圏からおおよそ300km圏内が中心であったた
　　め，九州の半導体工場は異例のものと受け止められた。そして半導体工場の集積に
　　伴い，九州は「シリコン・アイランド」と呼ばれるまでに至った。その経緯につい
　　ては，矢田・今村編（1991）などを参照。
⑶　和歌山電鐵の社長が小学生向けに書き下ろした本（小嶋 2016）のサブタイトル
　　「びんぼう電車をすくったねこ」がその功績を象徴的に示している。
⑷　極端な例ではあるが，2006年には愛知県小牧市の「桃花台新交通」が廃止された。

練習問題
1．任意の2都市を選び，その都市間の交通手段にはどのようなものがあるか調べた
　　上で，どのような競争が展開されているか考察しなさい。
2．地方鉄道では経営改善策として各種の「観光列車」を走らせている。このような
　　施策の効果と限界について，あなたの考えをまとめなさい。

参考文献
青木亮編（2020）『地方公共交通の維持と活性化』成山堂書店
小嶋光信（2016）『ねこの駅長たま――びんぼう電車をすくったねこ』KADOKAWA
須田昌弥（2009）「戦後日本における交通問題――「地域」における課題」『経済地理

　学年報』第55巻第1号，pp.3-11
矢田俊文・今村明夫編（1991）『西南経済圏分析』ミネルヴァ書房

第4章

交通需要の分析

キーワード

需要の価格弾力性　交差価格弾力性　時間価値　一般化費用　四段階推
定法

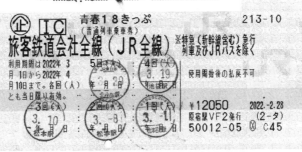

青春18きっぷ（上は国鉄時代のもの，下は現在発売されているもの）：1982年の発売開始以
来，時間がかかっても安く移動したい利用者に支持されてきた。

第3章でも見た通り，交通の分析に際しては供給側だけでなくその需要側の分析も重要である。本章では交通の需要を分析するに際して用いられるいくつかの概念について検討する。まずミクロ経済学における「需要の価格弾力性」の概念を確認した上で，われわれの交通行動を分析する際の基礎となる「時間価値」の概念について検討する。その上で初歩的な交通手段選択モデルを考察し，交通計画の領域においてしばしば用いられる交通需要予測における四段階推定法について概観する。

1　需要の価格弾力性

われわれは価格を判断材料として経済活動を行う。その理論的な詳細については第8章に委ねるが，一部の例外的なものを除いてある財・サービスの価格が上昇するほどその消費量を減らし，下落するほど消費量を増加させる。この点に異論は少ないであろうが，価格の上昇（下落）が財・サービスの消費量をどの程度減少（増加）させるかは，財・サービスによって異なる。通勤定期運賃が多少上がったとしても通勤を止めるわけにいかなければ通勤列車の利用者数はあまり減らないであろうが，行楽地に向かう観光列車などは運賃水準によって利用者数は大きく変動する。

一般的には，財の価格が1単位変化した場合にその財の消費量がどのくらい変化するかを示したのが需要の価格弾力性（elasticity）である。ある財の価格を p，消費量を q とすると，需要の価格弾力性 ε は次の式で表される：

$$\varepsilon = -\frac{dq}{dp} \cdot \frac{p}{q}$$

なお，既に述べた通りほとんどの場合価格の上昇は需要の低下をもたらすため，上記の式における ε は負の値をとることになる。その煩雑さを避けるため，ε の値をその絶対値 $|\varepsilon|$ で表現することが多い。以下そのように表記する。

弾力性の値を分析する上で重要なのは，この値が1を上回るか否かである。というのは，価格の上昇は需要の減少と支払額の増加という2つの効果をもたらすが，そのどちらが卓越するかがそれによって示されるためである。$|\varepsilon| > 1$

であれば，価格の上昇による需要の減少が大きく，残存する消費者による支払額の増加を上回るため上昇後の企業の収入は減少する一方，反対に |ε|<1 であれば，価格上昇後の企業の収入は増加する。これは特に企業に価格支配力がある場合，値上げ（下げ）をするか否かの判断の基礎となる。

　例えば，旧国鉄は赤字の減少のための一策として，1976年に「50％値上げ（つまり運賃水準を2倍にすること）」を断行した。当時の国鉄運賃は他の交通機関の運賃と比べても安価であり，大幅値上げによって収入を増加させることを狙ったのである。しかしながら，これによって収入はむしろ減少し，国鉄の赤字はさらに増加した。いうまでもなく，国鉄当局は国鉄の輸送サービスに対する価格弾力性が1より小さいと見込んで値上げを決定したと考えられる。しかし値上げによって，特に地方や長距離輸送においては，安かったから国鉄を利用していた人々が他の交通手段に逸走（「国鉄離れ」）し，弾力性はむしろ1より大きかったことが露見したのである。

　ここまで述べてきたのは，ある財の価格の変化がその財自体の需要にどのような影響を与えるかであった。それに対して，ある財 j の価格 p_j の変化が別の財 i の需要 q_i にどのような影響を与えるかを示すのが交叉（差）価格弾力性（cross elasticity）である。交叉価格弾力性 ε_{ij} は次の式で表される：

$$\varepsilon_{ij} = \frac{\partial q_i}{\partial p_j} \cdot \frac{p_j}{q_i}$$

このとき，ε_{ij} の値が正か負かによって，i 財と j 財の関係を考察することができる。$\varepsilon_{ij}>0$ の場合（p_j が上昇すると q_i が増加する），i 財と j 財は代替財の関係にあるという。それに対して $\varepsilon_{ij}<0$ の場合（p_j が上昇すると q_i が減少する），i 財と j 財は補完財の関係にあるという。

　交通における代替財の例としては，東京～大阪間の「新幹線」と「航空機」などが挙げられる。代替財については，例外もあるが i 財が j 財の代替財であれば同時に j 財も i 財の代替財である場合が多い。しかるに補完財については，そうでないケースも無視することはできない。

　例えば，「東京～沖縄の航空サービス」と「沖縄のリゾートホテル」の場合，互いに他の補完財となっている（航空運賃が上がればリゾートホテルの宿泊者数が

減り，リゾートホテルの宿泊料が上がれば沖縄便の利用者数は減少する）。それに対して，「東京〜沖縄の航空サービス」と「ゆいレール（第3章参照・那覇空港から那覇市の中心部を結ぶ）」の場合，航空運賃の値上げはゆいレールの利用者数を減少させるものの，ゆいレールの運賃値上げが航空サービスの利用者数に大きな影響を与えるとは考えにくい。数万円に及ぶ航空運賃に対してゆいレールの運賃はせいぜい数百円であり，ゆいレールの運賃値上げは人々の沖縄旅行の需要にほとんど影響を及ぼさないためである。この場合，ゆいレールは航空サービスの粗補完財である[(2)]という。補完財の場合には，互いに他の補完財になる場合よりどちらか一方のみが補完財となる粗補完財の場合の方が一般的である。

2 時間価値と一般化費用，交通手段選択モデル

　さて，われわれが交通について意思決定する場合，価格（運賃）以上に重視するのがその所要時間ではないだろうか。東京から大阪に行く場合，普通列車を乗り継いで行くこともできるがほとんどの人は特急料金を払って新幹線に乗る。普通列車を乗り継ぐと所要時間はおおよそ8時間ほどであるのに対し新幹線ならば2時間半ほどでよく，差し引き5時間半ほどの時間を節約するために数千円の特急料金を払っても惜しくはない，ということである。

　第1章において交通需要のほとんどが派生的需要であることを学んだ。われわれの日常生活においてそれはほぼ自明の事実であるが，そうであるがゆえに見落とされやすい点でもある。例えば，「東京は交通が便利な街だ」としばしば評されるが，通勤通学時間が最も長いのも，電車の混雑や道路渋滞が最も激しいのも東京である。交通を通勤通学その他の活動のための手段と位置付ける限り，東京は最も交通が劣悪な都市に他ならない。にもかかわらずわれわれが「便利」と感じているものは，実はそのような交通の不便さを補って余りある，東京における多様な行き先（目的地）の存在に由来している。その便利さを享受するために，われわれは喜んで運賃さらには特急料金を支払うのである。

　交通に費やす時間においてわれわれは交通手段の中に閉じ込められ，行動の自由を制約される。そのため一部の例外を除いて，われわれは交通に費やす時間から効用を得ることはない。あるいは移動中，われわれは働くことを制約さ

──────── コラム▶▶「青春18きっぷ」について ────────

　1982年に発売が開始された青春18きっぷは，JR 全線の普通・快速列車が利用可能*で，2023年現在，5 日間有効で￥12,050，1 日あたり￥2,410である。「その気になれば」例えば東京から広島（正規運賃は￥11,880）まで 1 日で移動することも可能で，通常の運賃と比べて大幅な割引となっている。

　この切符はもともと，「18歳前後の若者」を主な利用者として発売された。この年齢層の若者は時間価値が低い一方需要の価格弾力性が大きい（運賃が高いと利用しない）ため，普通列車しか利用できなくても 1 日2,400円ほどで東京から広島まで移動できるならば利用するだろうと考えられた。発売時期を夏・冬・春の，学生の長期休暇の期間限定にしているのも，その時期の学生の時間価値が特に低くなると見込んだためである。

　今日では，この切符を愛用する高齢者も少なくない（もともと，この切符の利用には年齢制限はない）。それは定年退職後の高齢者も学生と同様，時間に余裕がある＝時間価値が低いからである。違いがあるとすれば高齢者は学生よりは金銭的に余裕がある一方体力には限界がある点であろう。かつては青春18きっぷでは利用できなかった，普通列車の自由席グリーン車が（グリーン料金を別に払えば）利用可能になった背景には，このような高齢者への配慮があると考えられる。

　＊そのほか，宮島フェリーと一部の BRT（バス高速輸送）路線も利用可能である。

れる。その間働くことによって稼ぐことのできる賃金こそ，交通における最大の機会費用と見なすことができる。行動の自由が制約される時間を補償する金額を時間価値と呼ぶが，この値は当然個人の属性によって異なる。一般的な傾向として，その人が働いて得ることのできる賃金水準と高い相関があることが確かめられている。

　交通サービスを消費する利用者にとって重要な費用は，運賃などの金銭的費用とこの時間費用であるとみてよいであろう。この 2 つの和を交通サービスの総犠牲量ないしは一般化費用と呼ぶ。もちろん実際にはその他の要素——長時間乗車に伴う肉体的・精神的疲労や乗り換えの煩雑さなど——も存在するが，以下では議論を単純化するため，ある 2 点 ij 間の交通サービスの一般化費用 G_{ij} を次の式で定義する：

$$G_{ij} = C^k + W \cdot T_{ij}^k$$

この式で、C^k はある交通手段 k を用いた際に要する金銭的費用、W は利用者の時間価値、T_{ij}^k は交通手段 k を用いた際の ij 間の所要時間を表す。

このとき、横軸に W をとり、縦軸に一般化費用 G_{ij} をとると、図4-1のようなグラフを描くことができる。C^k が大きくなるほどグラフはより上方にシフトする一方、T_{ij}^k が大きくなるほどグラフの傾きが急になる。ある区間（例えば東京～大阪間）におけるバス・鉄道・航空の各交通手段の特性に合わせて一般化費用のグラフを描いたのが図4-2である。バスは運賃が安いものの所要時間は長く、航空は逆に高運賃であるが所要時間は短い。鉄道は両者の中間である。このとき各交通手段がどのように選択されるのかは、どの交通手段の一般化費用が最も安いのかによって決定される。横軸上の W_1 より左側ではバス、W_2 より右側では航空、そして W_1 と W_2 の中間では鉄道が選択される。

現実の東京～大阪間では、利用者の大半が鉄道（新幹線）を利用している。それは図4-2が示す通りに見えるが、そのような結論を下す前に今ひとつ、社会における人々の時間価値分布を検討しておく必要がある。鉄道が選択される時間価値の範囲に大多数の人が分布しているならば鉄道利用者は多いであろうが、時間価値分布は国・地域によって、あるいは時代によって異なる。かつての中国やインドでは、北京～上海間やデリー～コルカタ間など1,000kmを超える長距離列車にたくさんの利用者があったが、これは当時のこれらの国々の所得水準がまだ低く、人々の時間価値も低かったことが一因である。

あわせて、社会の大多数がある交通手段を選択するとしても、そのことが他の交通手段の参入・存続を認めないということではないことにも注意が必要である。今日の東京～大阪間では大多数の人が新幹線を利用しているが、同時に多くのバス事業者が昼行・夜行のバスを運行している。学生など時間価値の低い利用者も一定数存在し、その利用者がバス事業を持続させ得るだけいるならばバスは参入可能である。時間価値が高い人に対して航空サービスが供給されているのも同様に考えることができる。ちなみに東京～大阪間と距離がさほど変わらない東京～盛岡間では、1982年の東北新幹線開業後航空路が廃止された。これは盛岡に行く人の時間価値が特に低いためではなく、東京～盛岡間の交通

図 4-1　時間価値と一般化費用

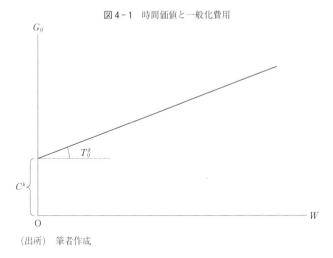

（出所）　筆者作成

図 4-2　一般化費用による交通手段の選択

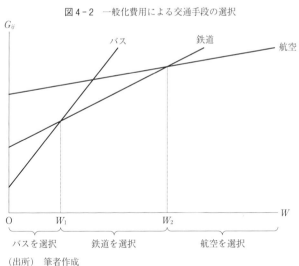

（出所）　筆者作成

量が東京〜大阪間に比べて圧倒的に少ないため，航空を選択する高い時間価値を有する利用者が，東京〜盛岡間では航空サービスを持続させるほどいなかったためと考えるのが妥当であろう。

3　四段階推定法：需要予測とその限界

　交通需要の大きさは，さまざまな要因によって決定される。前節では金銭的費用（運賃）と所要時間に着目したが，それだけでは例えば前節で挙げた東京〜大阪間と東京〜盛岡間の交通量＝交通需要の差を説明することができない。ここではいうまでもなく，交通の一方の目的地となる「大阪」と「盛岡」の規模が反映されている。

　経済学ではそれらの要素も含めた交通需要関数を導出して分析するが，そうして導出された交通需要関数はマクロ的な集計量に依拠したものとなる。そのような需要関数では，個人の交通行動を元にした分析が難しい。そこで交通計画など経済学以外の領域においてはロジット・モデルなどの非集計モデルが発展してきた。そしてその延長線上に，新しい交通ルート（鉄道・道路など）が開通する際に当該路線あるいはその周辺の路線の交通量がどれだけ変化するかを推測する，交通需要予測という領域が発展した。この領域は交通経済学の直接の研究対象ではないが，さりとてその社会的な影響を含めて無視することはできない。本節ではその概略を述べた上で，経済学の立場からその限界について論ずる。需要予測そのものの手法については，交通計画などの文献（例えば，新谷・原田編，2017：福田編，2011）を参照してほしい。

　交通需要予測は通常，図4-3における1〜4のような4つの段階を踏まえて行われる（そのため，この手法を「四段階推定法」と呼ぶ）。これらは独立に行なわれるものではなく，相互に関連するものであり，また実際の交通需要の変化に応じてフィードバックされるべきものである。

　①発生・集中交通量予測：交通計画では，通勤・買い物・帰宅など，ある1つの目的に基づいてなされる移動をトリップ（trip）と呼ぶ。トリップの出発地点（origin）と目的地（destination）を考えるに際して，まず各地点からどれだけのトリップが生じているのか，そして各地点にどれだけのトリップが向かっているのかを推測するのがこの段階である。これらを推測するためには，人口水準や土地利用を始め，各地点の経済活動の水準を左右するさまざまな要因を考慮する必要がある。

図4-3 四段階推定法

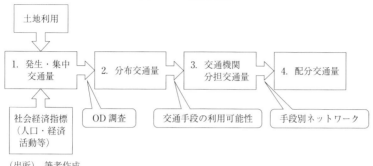

（出所） 筆者作成

表4-1 OD表（$m \times n$）

	1	2	⋯	j	⋯	$n-1$	n	発生量
1	T_{11}	T_{12}	⋯	T_{1j}	⋯	$T_{1(n-1)}$	T_{1n}	$T_{1\cdot}$
2	T_{21}	T_{22}	⋯	T_{2j}	⋯	$T_{2(n-1)}$	T_{2n}	$T_{2\cdot}$
⋮	⋮	⋮		⋮		⋮	⋮	⋮
i	T_{i1}	T_{i2}	⋯	T_{ij}	⋯	$T_{i(n-1)}$	T_{in}	$T_{i\cdot}$
⋮	⋮	⋮		⋮		⋮	⋮	⋮
$m-1$	$T_{(m-1)1}$	$T_{(m-1)2}$	⋯	$T_{(m-1)j}$	⋯	$T_{(m-1)(n-1)}$	$T_{(m-1)n}$	$T_{(m-1)\cdot}$
m	T_{m1}	T_{m2}	⋯	T_{mj}	⋯	$T_{m(n-1)}$	T_{mn}	$T_{m\cdot}$
集中量	$T_{\cdot 1}$	$T_{\cdot 2}$	⋯	$T_{\cdot j}$	⋯	$T_{\cdot(n-1)}$	$T_{\cdot n}$	

（出所） 山内・竹内（2002）をもとに筆者作成

　②分布交通量予測：次に，どこからどこへの移動がどのくらいあるかを推測するのがこの段階である。具体的には，発生・集中交通量予測をもとに**表4-1**のようなOD（origin-destination）表を作成することが求められる。このとき，パーソン・トリップ（person trip）調査などに基づく実際の交通におけるODをもとに推測することも広く行われている。

　③（交通手段別）分担交通量予測：各ODにおける交通量がわかれば，次にその交通量がどの交通手段によってどれだけ分担されているかを推測する。例えば東京～大阪間で，鉄道（新幹線・在来線）・航空・バス・自家用車などの各手段の利用者がどれだけいるかを考えることになる。この前提として各OD

交通需要予測を行う上でも，そしてそれに基づいて今後の交通整備を検討する場合でも，現在の利用者の交通行動の情報は極めて重要である。これを把握するための資料として重要なものが，各地で適宜行われているパーソン・トリップ調査である。図4-4は2017（平成29）年に首都圏で実施された際の調査用紙である。どのような人（年齢・性別・職業など）がどのような意図（トリップの目的）を持ってどのような交通手段を用いて移動したかについて回答することが求められている。

回答する側の立場に立つと，この調査は非常に詳細な，ともすればかなり私的な個人情報を多く含む調査である。それゆえ回答自体を拒否したい人も多く，あるいは協力したいと思っている人にとっても複雑で煩わしいものであるため，回収率が高くならないという問題点が指摘されている。この点に関してはインターネット上での回答を可能にするなど，少しずつ改善が進められているが，まだ十分とは言い難い。

さりながらこの調査は，交通需要予測において重要な基礎資料となるものであるほか，国や自治体の交通政策の立案，そして交通経済学を含む交通関連分野の研究においても欠かせないデータを提供する調査である。読者諸氏がこの先パーソン・トリップ調査に直面した際には，可能な範囲で良いので真摯に対応・回答されるようお願いしたい。

図4-4 パーソン・トリップ調査の調査票

（出所）国土交通省 https://www.mlit.go.jp/common/001241231.pdf

にどのような交通手段が存在するかを把握する必要があることは言うまでもない。また，前節で説明した利用者の交通手段選択モデルも参照されることがある。

　④配分交通量予測：最後に，各手段においてどのルートにどれだけの利用者がいるのかを推測する必要がある。例えば東京～福井間の鉄道利用者の場合（2023年現在），金沢まで北陸新幹線を利用する利用者と，東海道新幹線で米原を経由して福井に向かう利用者がそれぞれどの程度いるのかを明らかにする。なお，各ルートにどれだけ配分されるかを計算する際に自動車交通と鉄道などの公共交通では検討される項目が異なることに注意する必要がある。自動車交通では渋滞による所要時間増加が利用者のルート選択に大きな影響を及ぼすのに対し，鉄道では各ルートにおける運行条件（所要時間，運行本数など）が重要である。

　交通需要予測は交通の将来の状況を数値として示すものであり，そのための手法についても改良が進められている。しかしながらそれはあくまで「将来予測」であり，そこには不確実性が残っていることを忘れてはならない。将来の交通需要，あるいは経済成長率など交通需要に影響を及ぼす指標の値を100％正確に予想することは今日においてもほぼ不可能である。

　他方で，第14章で説明する費用便益分析との関連で，需要予測がともすれば恣意的に扱われかねないインセンティブが存在するという指摘がある。新幹線や高速道路などのプロジェクトの実行を促すため，実際より過大な需要予測を行うことが見受けられる。これを改善するには，最終的には過大な需要予測を求めるインセンティブを排除することが必要になる。

　あわせて，事前に行った需要予測が実際には妥当なものであったのか事後的に検証することも求められる。我が国ではそのような検証は十分行われているとは言い難いが，この面において（交通）経済学が果たすべき役割は大きい。

注
(1)　『ドラえもん』の中で，「北海道のおばさん」が東京にあるのび太の家に「国鉄運賃が上がったから来ない」というエピソードがある（「ポータブル国会」）。なお，現在刊行されているコミックスでは「国鉄」が消去され，単に「運賃」とされている。

(2)　厳密には，粗補完財の定義は価格変化に伴う代替効果と所得効果の大きさに基づいてなされる。詳細はミクロ経済学のテキストを参照のこと。なお，所得効果が大きい場合には粗代替財となる組み合わせも存在する（温泉旅行とスーパー銭湯など）。

練習問題

1．JR 各社は今日，中高年を対象とした割引切符を多数発売しているが，JR 東海は，東海道新幹線の「のぞみ」号についてはこのような割引切符の対象から外している。それはなぜか説明しなさい。

2．都市ＸＹ間の交通市場を考える。鉄道を利用した場合この区間の運賃は10,000円，所要時間は4時間であるとする。このとき，以下の問いに答えなさい。

①1時間あたり時間価値が2,500円である人にとって，ＸＹ間の鉄道移動による一般化費用を求めなさい。

②ＸＹ間には鉄道のほか航空路もあり，所要時間は1時間半である。①の人が鉄道ではなく航空を利用するようになるためには，航空運賃は最高でも何円未満である必要があるか求めなさい。

③このＸＹ間に，運賃5,000円，所要時間6時間の高速バスが参入を計画している。この参入は成功するか否か検討しなさい。

参考文献

新谷洋二・原田昇編（2017）『都市交通計画』［第3版］技報堂出版

福田正編（2011）『交通工学』［第3版］朝倉書店

山内弘隆・竹内健蔵（2002）『交通経済学』有斐閣

第5章

交通事業の規制とは何か

キーワード

社会的規制　経済的規制　参入規制　料金規制　供給義務　退出規制
自然独占　内部補助

(出所)　日の丸自動車提供

バス会社での点呼風景：安全確保のため，交通事業では乗務の開始前および終了後に対面で点呼を受けて，体調や当日の運行に必要な事項，事故や遅延の有無などを確認して，記録を保存することが義務づけられている。

交通事業が持つ特徴の1つは，政府の規制下で事業を進めることである。利用者が見込めるからと最寄り駅と学校や病院を結ぶバス路線を，勝手に企業が運行して料金を徴収することはできない。規制には，安全性に係わるものなど様々なタイプが存在するが，特に経済的規制が課されることに特徴がある。本章では，経済的規制とはどのようなものなのか，なぜ経済的規制が課されているのかを，理論面から考えていこう。

1　社会的規制と経済的規制

　政府が課す規制には「社会的規制（social regulation）」と「経済的規制（economic regulation）」の2種類がある。社会的規制は，多くの産業で課されているが，経済的規制の存在が，交通を含む公益事業の特徴の1つと言える。両者を区別することが重要である。

　「社会的規制」は「質的規制」とも称するが，供給するサービスが一定水準以上の品質を保持していると政府に認められることを，参入の要件とする。悪質なサービスを排除して，消費者を保護することが目的である。例として，医師免許や運転免許が指摘できる。もし医師免許という制度が存在しなければ，医療知識のない人でも医者になる（ふりをする）ことができるため，誰が医療知識を持っているかわからず，社会が混乱する。もちろん，何人か診察することで名医か藪医者かはわかるが，そのためには病気が悪化する，最悪死亡する人がでてしまう。現在でも，名医と言われる評判の良いお医者さんはおられるが，評判だけに頼って免許制度を設けないと，社会に大きな混乱が生じてしまう。運転免許制度についても同様であり，制度がないと運転の適性があるかは，事故を起こさないとわからないことになり，社会に混乱を招くことになる。

　交通事業に課される社会的規制は多岐に及ぶ。例えば，バス事業を営業しようとすれば，運転者が大型自動車第2種免許を保有する必要があるが，この他に営業所や車庫の位置，広さに関する規定，乗務の開始前と終了後に対面で点呼を受けることやその記録を一定期間保存すること，定められた人数の運行管理者を選任して必要な講習を受けさせること，運転者への指導監督さらに事故を起こした運転者や新規採用した運転者，高齢運転者への特別指導や適性検査

の受診，過労運転防止のための勤務時間や乗務時間の規定，休憩や睡眠場所の設置と管理，整備管理者の選任や点検整備の規定，安全管理規定の制定や安全管理統括管理者を定めて届け出るなど，安全を担保するため多種多様な社会的規制が課されている。

　一方，「経済的規制」とは，政府が市場に介入することで，財やサービスの需要量に合わせて供給量を制限することを目的とする規制である。「参入規制」「料金規制」「供給義務」「退出規制」などがある。

　規制緩和の対象は，多くの場合，経済的規制を対象にしている。規制緩和は運転免許なしに自動車を運転して良いと主張しているわけではない。規制緩和＝社会的規制の緩和でないことに注意する必要がある。ただし，現実社会では社会的規制であるか，経済的規制なのかわかりにくい事例も存在する。例えば公益事業における各種の安全規制は，事故の防止や安定供給の確保という意味では社会的規制に該当するが，事実上，新規参入を制限するという経済的規制の側面を持つ場合もある。どちらの視点を重視するかで，評価が異なることになる。

2　経済的規制とは

⑴　参入規制

　営業の自由は憲法で保障されており，一般的には誰でも，希望する場所で，希望する商売を営むことができる。しかし公益事業の多くは，事業法により「許可制」が採用されており，国から「許可」を得ないと事業を開始できない。

　例えば，大学の前で，パン屋さんやラーメン屋さんを開店したいと思えば，店舗を借りて商売できる程度の調理能力やマネジメント力があれば誰でも自由に営業することができる。一方，鉄道事業では政府から許可を得ない限り，事業は開始できない。さらに言うと，規制緩和以前はより厳しい規制である「免許」を得る必要があった。鉄道事業をはじめとする交通事業の免許には需給調整規制が課されており，許可には課されないという違いがある。需給調整規制とは，新規参入があったとしても，供給が需要を超過しない（需要≧供給）と政府が認めることを新規参入条件に課すことである。

需給調整規制は非常に厳しい要件である。新規参入に需給調整規制が課された場合，供給が需要を超過（需要≥供給）しないかは，将来のことなので，実際に参入しないとわからない。しかし，参入したら実は供給過多でしたとなると社会に混乱が生じる。そのため実務上は，新規参入後も必ず需要≥供給になると確信できないと免許を出さないなど，よほどの状況でないと新規の免許を認めない可能性が高い。結果として，新規参入がない＝独占になりやすい。

(2)　新規参入を巡る話題

　新規参入が問題になった例として，ここではヤマト運輸の宅急便と，伊豆半島東側の鉄道線である伊豆急行の開業をめぐる事例を取り上げよう。[(1)]

■ヤマト運輸の宅急便

　規制緩和以前に新規参入をめぐって争われた事件に，1976年1月に誕生した新サービス，ヤマト運輸の宅急便がある。不特定多数の荷主の貨物を1台のトラックに積み合わせて輸送する宅急便は，道路運送法で路線トラックの免許が必要とされていた。路線免許は利用する道路ごとに得ており，免許を得た道路の通過する市町村に営業所を設けることができた。当時のヤマト運輸の営業区域は関東地方に偏っていたため，宅急便の全国ネットワークを構築するにあたり，各地で新規に免許を得る必要があった。ヤマト運輸では，同業者の持つ営業権を買収するとともに，新規免許を申請して宅急便のエリア拡大につとめた。この他，本来は特定の荷主（1社）の荷物のみを輸送し，都道府県の行政単位で免許が与えられる貸切トラックに，運輸大臣の許可を得て複数荷主の貨物を輸送できる区域積み合わせを利用したり，都道府県知事の許可で得られる軽自動車を活用することも行われた。ヤマト運輸は，これら方法を組み合わせて営業区域を拡大していった。

　新規免許の申請は，地元事業者がヤマト運輸の参入に反対していると，需給調整規制もあり，なかなか認められなかった。申請後4年を過ぎても免許が得られなかった路線については，運輸大臣を相手取り行政訴訟を起こしている。行政訴訟が原因ではないであろうが，その後運輸省はヤマト運輸に新規免許を付与した。

■伊豆急行の開業

　伊豆急行（伊東～伊豆急下田：45.7km）が，1956年2月に免許を申請したときの地図（図5-1）を見てみよう。伊豆半島東側の鉄道建設では，同時期に伊豆急行（免許申請時は伊東下田電気鉄道）と駿豆鉄道（現在の伊豆箱根鉄道）の2社が，ほぼ同区間で路線建設を計画した。

　伊豆急行は，伊東から川奈，八幡野（現伊豆高原），稲取，蓮台寺を経由して下田に至る路線を計画した。ちなみに伊豆急行は東急グループの会社（現在は，東急が100％出資する伊豆急ホールディングスの子会社）であり，これは現在の伊豆急行の路線とほぼ同一である。これに対して，直後の1957年3月に，今度は駿豆鉄道が，伊東から下田までの路線を，川奈，八幡野，稲取，白浜経由で免許申請した。伊豆箱根鉄道は，西武鉄道が73.5％を出資する西武グループの会社である。両者の路線はほぼ同じであり，大きな違いは下田の手前で蓮台寺を経由するか，

図5-1　伊東下田電気鉄道と駿豆鉄道の計画路線図
伊東下田電気鉄道計画路線図

伊東下田電気鉄道計画路線
申請内容

免許申請　昭和31年2月1日
区　　　　間　伊藤〜下田
予定駅路線図参照
建設費　　47億5,300万円
キロ程　　48.2キロメートル

駿豆鉄道計画路線図

駿豆鉄道計画路線
申請内容

免許申請　昭和32年3月5日
区　　　　間　伊藤〜下田
予定駅路線図参照
建設費　　82億円
キロ程　　46キロメートル

（出所）　東京急行電鉄社史編纂事務局編『東京急行電鉄50年史』p.531

白浜を経由するかである。

　伊東～下田間の鉄道が利益を生むと，偶然，同時期に東急電鉄と西武鉄道の両社が考えて申請したわけではない。鉄道開業に関連して伊豆半島の観光開発を，東急グループと西武グループのどちらがイニシアチブをとって行うかという対立が背景にある。

　参入規制により，2社参入するとほぼ確実に超過供給になるため，輸送需要を考慮すると伊豆半島東側の鉄道は1社しか参入できない。どちらか1社が免許を得れば，他者は参入できない。競合他者を排除したければ，路線免許を得るのが確実な方法である。駿豆鉄道は，そのあたりの経緯を免許申請時に提出した『駿豆鉄道申請趣意書』で，以下のように説明している。

　　　駿豆鉄道は大正5年に設立され，昭和13年以来，三島～修善寺間19.8キロメートルの運輸営業を行ってきたが，さらに昭和31年5月8日には，修善寺～伊東間21キロメートルの地方鉄道敷設免許申請書を提出した。伊東～下田～大仁間の鉄道については，大正11年に制定された鉄道敷設法の趣旨に則り国鉄が建設すべきであり，当社は，国鉄が建設する限り何らの異議申し立てをしない。しかし伊豆半島の開発に対して実績を持たない一民間企業が“落下傘部隊*”のように伊豆半島に飛来し，国鉄延長計画路線である伊東～下田間の敷設免許を出願し，運輸省の内部においても，それを容認する空気がある。国鉄がこの区間の建設を放棄し，民間にそれをゆだねるならば，伊豆半島の開発に既設基盤を有する駿豆鉄道に免許すべきである。

　　　＊文中で“落下傘部隊”と表現されているのが伊豆急行である（筆者注）。

　最終的に1959年2月に伊豆急行が免許を得て，1961年12月に路線を開業した。その前後から，伊豆半島で東急グループによる別荘地開発や，様々な観光開発事業が進むことになった。

(3)　料金規制
　スーパーで特売をする場合に，国や自治体の許可は必要ないが，公益事業で

は料金も自由に決めることはできない。交通事業の運賃や料金，公益事業の料金は，料金表が公開されており，それに従い運賃や料金が課される公定価格が基本であり，特に旅客輸送はその傾向が強い。運賃や料金が有効となるには，費用をもとに事業者が申請したものを個別に審査して，国が認可する手続きが必要である。一部の割引料金は，届出でも可能である。以前は割引運賃なども含めてかなり厳しく規制されていたが，現在は上限だけが決められており，割引は一定の範囲内で事業者が自由に行える上限認可制が増えて，多少，緩やかになっている。料金規制は，これまで交通事業全般で課されていたが，規制緩和以前から鉄道貨物と競合関係にあるトラックの料金規制は相対的に緩やかであるなど，分野により違いも存在した。

(4)　供給義務

　定められた運賃や料金を支払う人には，サービスを提供しなければいけないという規制である。参入規制により独占が前提になるため，サービス供給から排除される人がでないようにする目的で課される。この規定があるため，例えば時刻表に掲載されている定期便は，早朝や深夜など利用者が少ない便でも運行しなければならない。また近距離利用者に対するタクシーの乗車拒否が問題になるのも，この規制が存在するためである。

　定められた運賃や料金を支払うのだから，当たり前ではないかと思う人もいるかもしれないが，通常の商売では，一見さんお断りの飲食店などのように，お店がお客さんを選ぶことも可能である。供給義務は，公益事業に特有の規制と言える。

(5)　退出規制

　事業から撤退する場合には「届出」などの手続きが必要になる。不採算だからとの理由で，勝手に撤退はできない。例えば鉄道事業法では，「公共の利便が著しく阻害されるおそれのある場合を除いて許可しなければならない」と規定されており，著しく阻害される場合は赤字でも退出できない。ガス事業や電気事業は，「公共の利益が阻害されるおそれがない場合でなければ許可しない」とより厳しい規定になっている。独占が前提であるため，自由な退出を認める

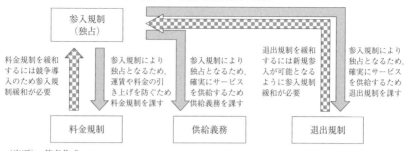

図 5 - 2　経済的規制相互の関係

参入規制
（独占）

料金規制を緩和するには競争導入のため参入規制緩和が必要

参入規制により独占となるため，運賃や料金の引き上げを防ぐため料金規制を課す

参入規制により独占となるため，確実にサービスを供給するため供給義務を課す

退出規制を緩和するには新規参入が可能となるように参入規制緩和が必要

参入規制により独占となるため，確実にサービスを供給するため退出規制を課す

料金規制

供給義務

退出規制

（出所）　筆者作成

と，サービスの供給者が存在しなくなる恐れがあり，このような規制が課されている。退出規制も公益事業の特徴と言える。

　規制緩和により，特に交通事業は不採算サービスから退出しやすくなったが，他の公益事業分野では依然，厳しく規制されている。視点を変えると，退出規制と供給義務が課されているため，採算性が厳しい過疎地や離島でも電話や電気等の公共サービスが維持されているとも言える。

(6)　経済的規制相互の関係

　参入規制と料金規制，供給義務，退出規制は図 5 - 2 で示すように相互に関連している。参入規制が課されているため独占になり，独占の弊害を防止するため料金規制や供給義務，退出規制が必要となる。逆に参入規制が緩和されれば，自由な参入により競争が生まれるため，料金規制や供給義務，退出規制も緩和できる。また料金規制や供給義務，退出規制のどれかを緩和しようとすれば，参入規制も緩和して競争を導入せざるを得ない。4 つの規制は相互に関係しており，1 つの規制だけを緩和または規制しても，社会政策上，不都合が生じてしまう。

3　なぜ交通事業は規制されるか？

　交通事業や公益事業では，財やサービスの特性から，市場に任せては最適な成果が得られずに，市場の失敗が生じる。このため，政府が介入して経済的規

制が課されてきた。市場の失敗の要因としては，理論的に以下が指摘される。

- 自然独占
- 内部補助と必需性
- 外部効果（外部性）
- 公共財
- 不確実性，情報の不完全性，情報の非対称性

(1)　自然独占

　市場で自由な競争の結果，必然的に独占状態が生じることを，「自然独占（natural monopoly）」と呼ぶ。通常の産業では，個別企業に注目すると競争に負けて撤退する企業もあるが，新規参入も多いため，市場全体で見ると競争は永遠に継続する。しかし生産量を拡大すると単位あたり費用が小さくなる「規模の経済性（economies of scale）」や，複数生産物を生産することで単位あたり費用が小さくなる「範囲の経済性（economies of scope）」が存在する産業では，自然独占が起きてくる。固定費用の大きな産業では規模の経済性が，共通費が大きな産業で範囲の経済性が生じやすい。固定費用の大きな産業の典型例が，鉄道事業（東京メトロ南北線は，建設費だけで約6,000億円）や航空事業（130人乗り程度の航空機1機で約100〜150億円）である。これら事業は，1社に生産を集約すると単位あたり費用が安くなることもあり，自然独占を理由とする規制が課されてきた。

　規模の経済性とは，生産規模を拡大するにつれ単位あたり費用が逓減する費用特性である。いわゆる大量生産の利益が該当する。例えば鉄道輸送では，上りと下りが1組の線路を利用して運行する単線に対して，上りと下りが別々の線路を利用する複線は，輸送力が3倍程度増加するとされる。複線は単線の費用の2倍と単純に考えても，輸送力が3倍になるなら単位あたり費用は3割以上低下することになる。

　一方，範囲の経済性とは，複数生産物を1企業が生産することで生じる利益である。例えば以下のような3つの隣接地区でサービス（例えば水道事業）を提供する場合を考える（図5-3）。供給費用を以下のように仮定する。

図 5-3　範囲の経済性の例

3 地区統合の総費用75なので，1 地区あたり費用25

A 地区　　B 地区　　C 地区

A地区とB地区のみ統合すると費用48なので，1 地区
あたり費用24（C地区の費用をA，B地区は負担しない）　＋　C地区の費用30

- A，B，C どの地区についても 1 地区のみ供給　費用30 → 総費用 30 ×3＝90
- 2 地区を合わせて供給　費用48(1 地区あたり24) → 総費用 48＋30＝78
- 3 地区を合わせて供給　費用75(1 地区あたり25) → 総費用 75

　上記例では，各地区をバラバラに供給するよりも，3 地区を統合して供給した方が効率的となる。そのため政府介入により独占（1 社）が生じる。さらに上記例では，自主的な調整では 2 地区＋1 地区で 2 社による供給体制になるため，政府が介入しないと 3 地区の統合は達成できない。

　規模の経済性や範囲の経済性が存在する場合，自然独占が生じる。以下では，グラフを用いて説明する（図 5-4）。交通市場全体の需要曲線が Da で示される。このとき 1 社の独占であれば，輸送量 Qa，運賃は Pa となる。2 社による競争では，需要曲線は半分の Db となるので，各社の輸送量は Qb（Qb×2＝Qa）になる。この時の運賃は Pb となり，競争により運賃が Pa から Pb に上昇している。自然独占では，競争を導入するよりも，独占にすることで，利用者は安い運賃で利用できる（独占の価格 Pa より，2 社競争の価格 Pb が高い）。これが参入規制を課す 1 つの根拠である。

　さらにグラフから，2 社による競争は継続しないことも示せる。もし 1 社が僅かでも輸送量を増加させれば，それに伴い運賃を低下させることができ，競争上，優位に立てる。逆に輸送量が減少すると，運賃上昇につながり不利になることもわかる。この関係を理解している両者は，相手を市場から排除するため，非常に厳しい競争（破滅的競争：cut throat competition）を行い，競争に敗れた会社が市場から撤退するまで，この状況が続くことになる。このように，競

図5-4　自然独占下の輸送量と運賃

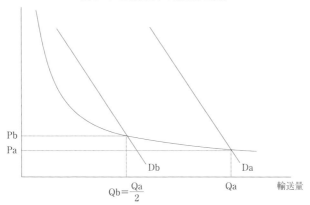

（出所）　筆者作成

争を行うことで運賃が高くなり，また競争も継続しないため，規制当局が参入規制を課して独占を認めている。

　ちなみに理論上，競争が問題となるのは上記の破滅的競争のみであり，通常行われている競争は，単に競争が厳しい状態である。

⑵　破滅的競争の例：名古屋～大阪間での官営鉄道と関西鉄道の競争

　名古屋～大阪間の鉄道は，1889（明治22）年に米原経由で官営鉄道（東海道線，路線長190.4km）が開通した。その後，名古屋からほぼ真西に線路を延ばし伊賀越えルートで私鉄の関西鉄道（現在の関西線）が建設され，1898（明治31）年に名古屋～網島（現在の大阪城公園駅の近く）間174.9kmで列車運転を開始した。さらに1900年には大阪鉄道を買収して大阪の中心部にほど近い湊町へ乗り入れて，名古屋～湊町（現 JR 難波）間で直通運転が行われた。官営鉄道と関西鉄道は，経由地は異なるが，名古屋～大阪間でみると競合路線になる（図5-5）。また需要の大きさを考えても，名古屋～大阪間の競争が経営に大きな影響を与えると理解できる。

　競合関係にある官営鉄道と関西鉄道の間では，運賃を統一する協定が結ばれたが，関西鉄道の路線長が短い（路線長が短ければ，本来運賃は安くなる）ことや建設費負担による経営状況の厳しさもあり，関西鉄道にとっては不満が残る協

図 5-5 官営鉄道と関西鉄道の競争（名古屋～大阪間）

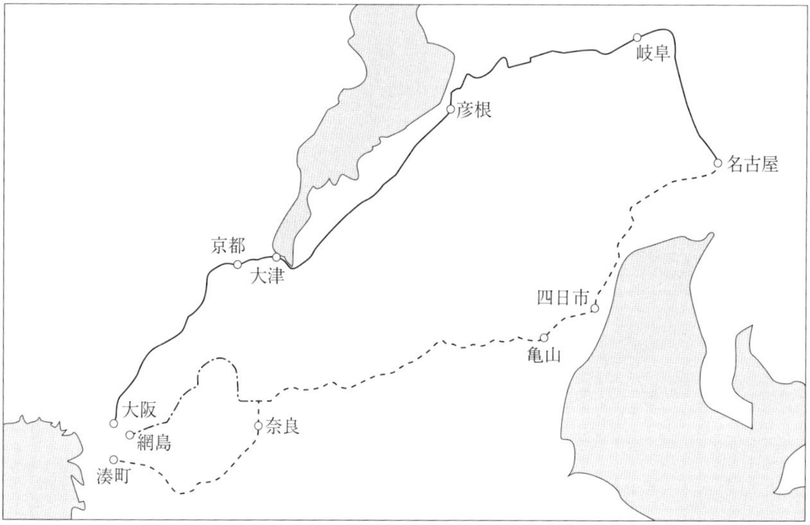

官営鉄道（——）と関西鉄道（……）はともに名古屋と大阪を結んでいる。関西鉄道は，当初は綱島（-・-・-）に乗り入れていたが，大阪鉄道買収後は，より便利な湊町（……）へ乗り入れた（地図上の路線は現在の東海道線と関西線などを参考にしているため，明治期の路線とは細部で異なる部分がある）。
（出所）　筆者作成

定であった。このような状況下では，運賃値引き競争が一旦発生すると収拾がとれなくなる。具体的には，官営鉄道の 3 等往復運賃は 2 円30銭から 1 円50銭まで短期間で低下し，対する関西鉄道は同様に 2 円から，片道運賃（ 1 円10銭）と大差ない 1 円20銭へ運賃が引き下げられた。さらに関西鉄道では，乗車券購入者に団扇などの記念品や弁当のおまけまで付けるようになった。このような厳しい競争状態は，一時的に収束することもあったが，最終的には関西鉄道が官営鉄道に合併される鉄道国有化（1907年）まで続いた。

(3)　内部補助と必需性

　内部補助（internal subsidization）とは，企業内部で黒字部門から赤字部門へ補助することで，企業全体として収支均衡させる考え方である。

　バス事業において，県庁所在地など都市部の黒字路線と，過疎地域（ローカル線）の赤字路線を一体的に経営することで，全体として収支均衡させること

が行われてきた。これが内部補助を利用した路線維持である。バス事業は鉄道事業と比較すると固定費用はかなり小さく，固定費用の大きな産業で生じる自然独占型の事業とは言いがたい。実証研究でもバス事業で規模の経済性は大きくないと言われている。そのようなバス事業で参入規制を課す根拠が，内部補助の考え方である。

　内部補助は，ある程度の利益（超過利潤）を黒字路線で認め，その利益で社会的に必要な赤字路線を維持する仕組みである。このため，都市部の黒字路線のみに新規参入するクリームスキミング（cream skimming）を排除するため，参入規制が必要とされた。

　バス事業は，昭和初期など厳しい競争が行われた時期もあるが，戦時期の統合を経て，地域に1社のみが存在する地域独占が長い間，続いてきた（第2章参照）。例えば東京の多摩地区では，中央線を境に三鷹駅周辺では北側を関東バス，南側を小田急バス，国分寺駅周辺では北側を西武バス，南側を京王バスというように，会社ごとにエリアがほぼ決まっていた。地方でも同様であり，バス会社は地域単位で県内に数社程度に集約されていることが多い。近年は規制緩和や分社化により，少し状況が変わってきているが，例えば山梨県では富士急行（富士・東部と静岡県の一部）と山梨交通（甲府中心），長野県ではアルピコ交通（長野，松本，諏訪周辺），長電バス（長野周辺），伊那バス（飯田市など南信地方）など，バス会社のエリアは地域ごとに大まかに決まっている。

　内部補助そのものは，多くの企業が実施している。経営学で学ぶ，PPM（product portfolio management：プロダクト・ポートフォリオ・マネジメント）分析なども，内部補助の考え方を利用した例と言える。PPM分析では，市場成長率と相対的市場シェアで自社製品を分け，相対的市場シェアが高い「花形」や「金のなる木」で得た利益（超過利潤）を，成長率は高いが相対的市場シェアがまだ低い「問題児」（現在は赤字）に回して，将来の「花形」に育てていく戦略である。これも内部補助の一形態と言える。PPM分析は，企業が経営戦略として行っているが，交通事業は，採算性は悪いが社会的に必要なサービスを維持する仕組みとして，内部補助を利用している点に特徴がある。このような仕組みは，バスに限らず，不採算だが必需性の高いサービスを提供する仕組みとして，公益事業の各分野で広く用いられてきた。

⑷ 外部効果（外部性）

　財，サービスの生産や消費が，当該経済主体と取引関係を持たない第三者に及ぼす効果を外部効果（external effect）と呼ぶ。外部効果には，市場を経由する効果（金銭的外部効果）と市場を経由せずに及ぼす効果（技術的外部効果）が存在するが，技術的外部効果は政府介入なしには社会的に最適な生産量が達成できない。

　プラスの外部効果としては，鉄道の存在効果などがある。ローカル線の存廃問題では，沿線居住者の多くは，実際には鉄道を利用しないが，鉄道が存在することに価値を見いだす場合がある。鉄道会社は，通常，このような効果を考慮せずに存廃を意思決定するため，その価値を顕示して，何らかの方法で鉄道会社が効果を獲得できれば，社会的最適（鉄道存続）が達成されるかもしれない。ただし存在効果については，効果が本当に存在するかや，評価方法など，考慮すべき多くの課題もある。

　マイナスの外部効果（不経済）の典型例は，大気汚染や振動などの公害である。高速道路や新幹線開業に伴う公害については，被害（費用）を取引する市場は存在しないため，公害などを考慮せずに活動が行われ，生産が過大（社会的最適との乖離）になる。プラス，マイナスどちらの場合も，社会的最適を達成するためには，政府が介入（規制）する必要がある。

⑸ 公共財

　消費が「非競合性」や「排除不可能性」を持つ財やサービスを公共財（public goods）という。消費の非競合性とは，ある人が財やサービスを消費しても，他人の消費に影響を及ぼさない状況を意味する。排除不可能性とは，財やサービスの利用から特定の人の利用を排除することが不可能，または困難な状況である。例えばリンゴや鉛筆のような通常の財やサービスでは，誰かが消費（利用）すれば，別の人は消費できない。これが競合性である。また代金を支払わない人の利用を，簡単に拒否できるが，これを排除性と呼ぶ。これに対して，公共財の典型である一般道（国道や都道府県道，市町村道）は，渋滞していなければ，他人が利用していても自分の利用に影響は生じない。また特定の人の利用を拒否することも難しい。公園や外交，国防なども，公共財の例であ

表5-1　公共財の分類

		競合性	
		あり	なし
排除性	あり	通常の財（私的財）	映画館，鉄道など
	なし	予防注射，混雑した道路など	道路，公園など（公共財）

（出所）　筆者作成

る。料金を支払わずとも公共財は利用できるため，フリーライダー（free rider）が発生する。このため民間企業の提供に任せると，供給量が社会的に不足または全く提供されなくなるため，政府による介入が必要になる。

　競合性と排除性で財・サービスを分けると，**表5-1**のようになる。競合性と排除性がともにない公共財以外に，競合性や排除性の一方だけ存在しない場合も，社会的に最適な供給を確保するため，必要に応じて介入が行われる（例えば予防注射の義務化など）。

(6)　不確実性，情報の不完全性，情報の非対称性

　不確実性や情報の問題は幅広いため，ここでは都市部のタクシー事業を例に一部を説明する。

　タクシー事業には経済的規制が課されているが，自由化してタクシーごとに料金が異なるようになっても，流し営業（主に都市部で行われており，タクシーが走行しながら利用者を探す方法[3]）では安いタクシーがいつ来るかわからないとの問題がある（不確実性）。また，目的地に着くまで，料金が確定しない情報の不完全性や，運転手と利用者で情報格差があるため，遠回りをされてもわからないという情報の非対称性も指摘される。このような状況下では，市場を通じた最適化は達成できない。そのため規制が必要になるとの考え方である。

　スウェーデンでは，1990年からタクシーの規制緩和を行ったが，その際にも上記のような懸念が出された。これら問題については，①流しのタクシーを利用せず，信頼できる会社のタクシーを呼び出して利用する，乗車前に運賃を確認する，②外国人や旅行者向けにはタクシー乗り場に案内表示等を設置する，③スウェーデン全体のタクシー需要を考えると，外国人の利用は多くない。事情を知らない外国人だけを対象とするようなタクシー事業は成立しないため，

（出所）　筆者撮影

ストックホルム・アーランダ空港のタクシー乗り場：手前が定額制のタクシー乗り
場で，奥がメーター制のタクシーの乗り場である。会社ごとに料金体系が異なって
おり，利用者の利便性を考えて乗り場を分けている。空港のタクシー乗り場には，
「スウェーデンではタクシー運賃が規制されておらず，タクシー会社ごとに異なる
こと」や，「タクシー乗り場から乗車して，事前に運転手に運賃を確認する」よう
に注意を喚起する案内（写真では右端の係員詰所の下に掲示）が設置されている。

一時的混乱は発生するかもしれないが，最終的に悪質な事業者は淘汰され，優
良事業者のみになる。規制緩和のデメリット以上にメリットが大きいという政
策判断を行い，ある種の割り切りを行っている。一方，デメリットを無視でき
ないと考えるならば，規制が必要になる。

注
(1)　ヤマト運輸の宅急便参入は小倉（1999）に，伊豆急行開業時の経緯は東京急行電
　　鉄社史編纂事務局編（1973）に詳しい。
(2)　本事例は，ゼイジャック（1987）第7章を参考にしている。
(3)　タクシーの営業形態には，駅や空港などの専用乗り場で利用者を待つ「付け待ち
　　営業」や，電話や予約を受けて利用者のところへ行く「配車営業」もある。

練習問題
1．町中では飲食店などが互いに競争しており，新規開業や閉店も多い。なぜ飲食店
　などでは自由な競争が認められているのに，交通事業では，これまで競争が制限さ
　れていたのだろうか，理論的に説明しなさい。
2．なぜ破滅的競争が発生するのか，理論的に考えなさい。

参考文献

青木塊三・山中忠雄編著（1957）『国鉄興隆時代　木下運輸二十年』日本交通協会

奥田晴彦編著（1975）『関西鉄道略史』鉄道資料保存会

小倉昌男（1999）『小倉昌男　経営学』日経 BP 社

ゼイジャック，E. E.，藤井弥太郎監訳（1987）『公正と効率　公益事業料金概論』慶
　應通信

東京急行電鉄社史編纂事務局編（1973）『東京急行電鉄50年史』東京急行電鉄

日本国有鉄道編（2006）『日本国有鉄道百年史年表』日本国有鉄道

第 6 章

交通事業における規制緩和の仕組み

キーワード
需要拡大と技術革新　埋没費用　コンテスタビリティ市場　上下分離
内部補助の課題

広浜鉄道今福線の未成区間：全国で未成に終わった鉄道や路線廃止により破棄された橋梁やトンネルは多い。これら放置されている施設は，建設に要した費用を回収できず社会にとり埋没費用となる。広浜鉄道今福線は，中国地方の広島〜浜田間を結ぶ予定で工事が進められたが未成に終わった鉄道である。

第5章では交通事業で経済的規制が課される理由を説明してきた。なぜ近年，交通事業を含む公益事業で規制緩和が進められたのだろうか。この章では，規制緩和が進められた理由を理論面から考えていこう。

1　需要拡大と費用低下

　鉄道事業や航空事業など自然独占が認められる産業でも，需要要件や費用特性が変化すれば，自然独占は失われて規制緩和が可能になる。例えば，平均費用で価格決定する場合，2社で競争しても費用が低下しない水準まで需要が大幅に拡大すれば，自然独占の根拠は失われる。品川〜横浜間や大阪〜神戸間のように大都市圏で鉄道路線が並行していても競争が継続するのは，非常に需要が大きいためである。また技術革新などにより費用が大幅に低下すれば，需要拡大がなくとも，2社で競争しても平均費用は変化せず，この場合も自然独占の根拠は失われる。電気通信事業（電話）では，これら2つがほぼ同時に生じた結果，規制緩和された。

　上記をグラフ（図6-1）から説明すると以下になる。グラフでは，需要が大幅に拡大した場合を色つき矢印で示し，費用が大幅に低下した場合を網掛け矢印で示している。需要が Da から Dc へ大幅に拡大すると，1社独占（Dc）でも，2社による競争を導入しても，価格は Pa で変化しない（輸送量 Qc＝2Qa）。この場合，参入規制を緩和して，競争を導入できる。需要が Dc からさらに拡大すれば，3，4社と参入を認めることが可能になる。

　一方，技術革新等により平均費用が大幅に低下すると（点線の平均費用），需要は変化せずとも，参入規制を緩和できる。2社による競争が行われた場合，需要曲線は Db となるが，価格は独占の時と同じ Pa である（輸送量 Qd）。この場合も競争を導入できる。費用の低下が大きければ，3，4社と参入を認めることが可能である。

2　電気通信事業における規制緩和

日本の電気通信事業は，戦後長らく日本電信電話公社（現日本電信電話会社，

図6-1　需要拡大と費用低下による参入規制緩和

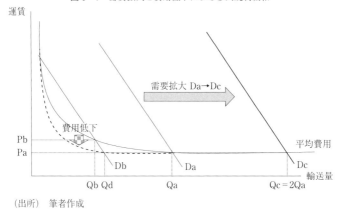

（出所）　筆者作成

NTT）による独占であった。1985（昭和60）年に規制緩和が行われて，第二電電（現KDDI），日本テレコム（現ソフトバンク），日本高速通信（その後撤退）が長距離通話分野に新規参入した。新規参入が可能になった理由は，電話の普及台数向上（需要拡大）と，光ファイバーを利用したパケット通信が可能になるなど技術革新（費用低下）が進んだ結果である。

　電話は，日本の経済発展とともに普及し，固定電話の契約数は，1965年度に740万契約，1970年度に1,640万契約，1975年度に3,170万契約へと5年ごとに2倍前後の増加を示した（図6-2）。1980年代以降は契約数の伸びこそ落ち着いたが，1997年度（6,285万契約）まで増加し続けた。その後は携帯電話等の普及から微減傾向となり，2015年度の契約数は5,585万である。1958年に，日本電信電話公社は電話を申し込んでから設置までに時間がかかる状態を短縮する電話積滞解消と，交換手を経由せずにダイヤル自動通話でつながる全国自動即時化を目標に掲げた。電話積滞解消は1978年に，全国自動即時化は1979年に完了し，誰の家にも電話のある時代を実現したのが1980年代である。このような電話の普及（需要拡大）が，電気通信事業の規制緩和につながった1つの要因である。

　技術革新としては，デジタル化を利用した光ファイバーによるパケット通信などの新技術の登場である。光ファイバーによるパケット通信は，データを番号のついた小さなブロックに分割してパケットとして送り，受信側で順番に並

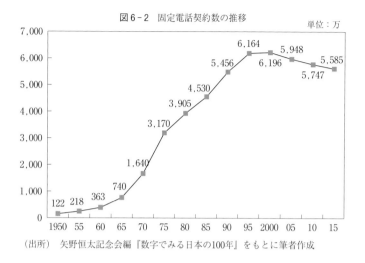

図6-2　固定電話契約数の推移

単位：万

6,164
6,196
5,948
5,585
5,456
5,747
4,530
3,905
3,170
1,640
740
363
122　218

1950　55　60　65　70　75　80　85　90　95　2000　05　10　15

（出所）　矢野恒太記念会編『数字でみる日本の100年』をもとに筆者作成

図6-3　パケット通信の概念図

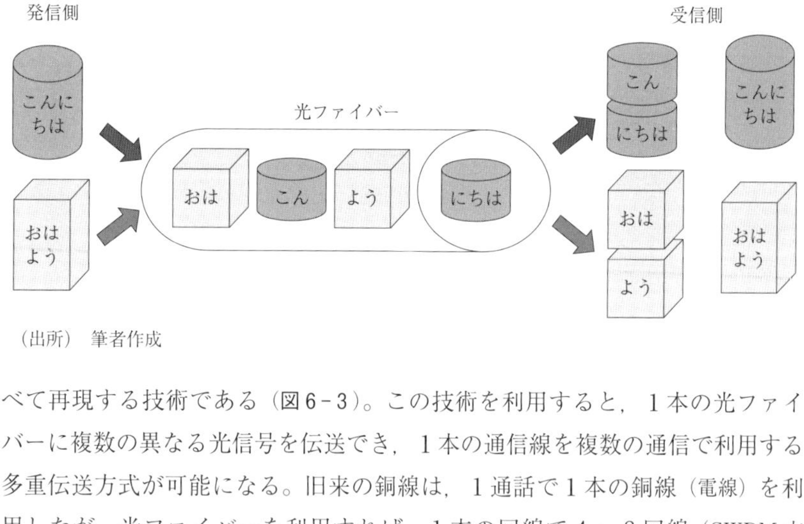

発信側

受信側

光ファイバー

こんにちは

おはよう

おは

こん

よう

にちは

こん

にちは

おは

よう

こんにちは

おはよう

（出所）　筆者作成

べて再現する技術である（図6-3）。この技術を利用すると，1本の光ファイ
バーに複数の異なる光信号を伝送でき，1本の通信線を複数の通信で利用する
多重伝送方式が可能になる。旧来の銅線は，1通話で1本の銅線（電線）を利
用したが，光ファイバーを利用すれば，1本の回線で4～8回線（CWDM方
式），さらには40回線程度（DWDM方式）まで送信できる。この結果，費用は
単純計算でも数分の1，実際には1本の光ファイバーを何本も束ねて光ファイ
バーケーブルを形成するので，数百分の1へと大幅に低下する。ちなみにイン
ターネットの光回線や携帯電話のパケット通信なども，この技術を利用してお

り，パソコンやスマホで動画などを容易に視聴できるのも，デジタル回線により大容量のデータ送受信が可能かつ安価にできるからである。

3　埋没費用とコンテスタブル市場

　自然独占による参入規制を課す根拠を細かく分析すると，競争の結果，撤退する企業の投資分が回収できず，無駄となることに行き着く。回収できず無駄になる費用を埋没費用（sunk cost）と呼ぶ。例えば，鉄道廃止後に放置されている線路敷やトンネルなどは各地で見られるが，これらは廃止後に再利用できず，社会にとり投資が無駄になる例である。社会的な無駄を避けるため，規制当局が参入規制を課してきた。このことは固定費用が大きな産業でも，埋没費用が小さければ，参入規制を課す根拠はなくなると結論づけられる。

　例えば，中古市場の発達やリース市場が利用可能ならば，事業から撤退しても埋没費用は小さいと考えられ，新規企業は短期間に利潤を獲得して撤退するヒット・エンド・ラン戦略が可能になる。もし料金が高ければ，ヒット・エンド・ラン戦略により新規参入を招くため，既存企業は常に生産を効率化して，料金も低水準にすることで対抗せざるを得ない。このような市場では，自然独占の可能性が存在しても，潜在的競争者の脅威により，既存独占企業が効率的に行動することで，政府による参入規制等は必要なくなる。この市場をコンテスタブル市場（contestable market）と呼ぶ。

　コンテスタブル市場では，理論上，①全ての企業が同じ費用構造にあり，②参入退出が自由で退出時に全ての費用を回収できる，すなわち埋没費用が存在しない，③消費者と企業は価格と需要について完全情報を持つ。このような市場では，新規企業からの参入圧力により，既存企業は最小の費用で生産を行い効率的な資源配分が達成される。また独占のもとでも潜在的参入圧力により超過利潤は発生しない。独占が必ずしも厚生損失につながらず，完全競争と同様の成果が得られる可能性を示している。一方，この理論は仮定の厳しさを批判されている。第1に，埋没費用を無視するには，設備を他用途へ転用することや労働者の転換が容易にできなければならないが，実際には難しいとの指摘がある。第2に，ヒット・エンド・ラン戦略が機能するには，新規企業の参入に

対する既存企業の対応にタイムラグが生じ，その間に新規企業は十分な利潤を得られる必要がある。

　コンテスタブル市場の仮定は厳しく，現実社会と必ずしも一致しない部分もあるが，コンテスタブル市場の条件に該当する産業であれば経済的規制を撤廃して，市場競争にゆだねる政策変更が可能になる。さらにコンテスタブル市場の仮定を満たすように，積極的に市場環境を変更する政策誘導も考えられる[1]。

　航空事業は，機材の耐用年数が25年以上と長く，また中大型機の航空機メーカーはボーイング社とエアバス社による寡占体制であり，ある程度，機種も統一されている技術的にも成熟した産業である。さらに耐空証明など国による検査制度や，航空会社による整備手順（マニュアル）などが国際的に確立されており，中古機やリースでも一定程度品質が保証されている。航空機リースは比較的長期契約（6～10年）が多く，また取引は米ドル建てが一般的であり，不確定要素が少ない。米ドル建てだと為替リスクを心配するかもしれないが，航空会社は世界中に存在しており，例えば相手先通貨である中国元建て取引や，南アフリカランド建てで取引することを考えると，米ドル建てで取引できることは，大きなメリットである。航空機の中古市場やリース市場は，世界市場であり，また機体そのものを取引する市場の他，部品を取引する市場も存在するため，規模が大きく，市場もこなれている。一方，空港使用料や着陸料は，使用するたびに支払う可変費用である。また海外では，景気動向を反映して従業員のレイオフなども容易に行われるため，人件費も可変費用と見なせる。航空事業は，機体にかかる費用など固定費用が大きくなるが，費用の多くは埋没費用でない。このためコンテスタブル市場の条件を満たすと考えられ，米国における航空事業の規制緩和につながった。

4　上下分離の導入

　鉄道など，固定費用が大きく，かつ埋没費用である事業では，埋没費用を小さくする政策が採用された。鉄道では，トンネルや橋梁，線路など埋没費用と考えられるインフラ部分（下）と，列車の運行（上）を分ける上下分離が考えられた。下に相当するインフラ部分を公的主体が独占的に提供する一方，上にあ

たる列車運行は民間企業の参入を認めて，擬似的に競争状態を作り出している。

　上限分離による競争導入は，大規模なものは1988年7月にスウェーデンで導入されて，その後英国など，ヨーロッパ諸国に広がった。スウェーデンの鉄道⁽²⁾改革では，旧スウェーデン国鉄（SJ）が，鉄道線路を保有して維持，管理に責任を持つ国の行政機構であるスウェーデン鉄道庁（下）と，鉄道輸送事業を手がける新スウェーデン国鉄（上）に分割された。線路は一般に開放され，線路使用料を支払えば国内の民間企業や海外の鉄道事業者も利用できるようになった。英国でも1994年に同様の仕組みが導入され，英国国鉄（BR：British Rail）はインフラ部門を担うレイルトラック社（Railtrack，2002年以降はネットワークレイル：Network Rail）と，運行を担う会社に分割された。当初，運行会社は民間企業25社（その後合併により17社に減少）が参入して，競争が行われた（現在は，従来のフランチャイズ制は廃止されている）。

　日本でも，鉄道事業法で上下分離が可能になっている。鉄道事業法第2条では，鉄道事業を第一種鉄道事業，第二種鉄道事業，第三種鉄道事業に区分している。

　　第一種鉄道事業：他人の需要に応じ，鉄道による旅客又は貨物の運送を行う
　　　　事業であつて，第二種鉄道事業以外のものをいう。
　　第二種鉄道事業：他人の需要に応じ，自らが敷設する鉄道線路（他人が敷設
　　　　した鉄道線路であつて譲渡を受けたものを含む）以外の鉄道線路を使用して鉄
　　　　道による旅客又は貨物の運送を行う事業をいう。
　　第三種鉄道事業：鉄道線路を第一種鉄道事業を経営する者に譲渡する目的を
　　　　もつて敷設する事業及び鉄道線路を敷設して当該鉄道線路を第二種鉄道事
　　　　業を経営する者に専ら使用させる事業をいう。

　第一種鉄道事業は，いわゆる線路など施設を所有して列車の運行を行う通常の鉄道会社であり，JR旅客会社や大手私鉄各社など，日本の鉄道事業者の多くが該当する。第二種鉄道事業は，線路などを所有せず，列車の運行のみを行う鉄道会社であり，JR貨物が典型例である。第三種鉄道事業は，列車の運行を行わず，線路など施設のみを所有する鉄道会社である。

　鉄道事業法以前にも，「鉄道の貸借と営業若しくは運転の管理の委託」により，上下分離は一部の私鉄で行われていた。有名な例は，神戸市街地の輸送力増強，高速化や中心部乗入れを目的に，市内にターミナルのあった4社（阪急電鉄，阪神電鉄，神戸電鉄，山陽電鉄）を連絡する神戸高速鉄道である（**図6-4**）。1958年に4社と神戸市が出資する第3セクター方式で設立され，1968年に開業した。神戸市中心部で阪急電鉄と阪神電鉄，山陽電鉄，神戸電鉄の線路を結ぶ同鉄道は，線路などの設備だけを保有する会社であり，列車運行は阪急電鉄，阪神電鉄，神戸電鉄の各社が担っていた。ちなみに現在は，神戸高速鉄道が第三種鉄道事業者，阪急電鉄，阪神電鉄，神戸電鉄がそれぞれ第二種鉄道事業者である。

図6-4　神戸高速鉄道路線図

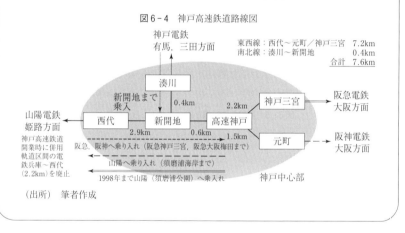

（出所）　筆者作成

　列車運行（上）を担う第二種鉄道事業と，施設所有や維持管理（下）を行う第三種鉄道事業という組み合わせで上下分離が可能である。実際に，地方のローカル鉄道を中心に，自治体による鉄道事業支援策として施設保有と列車運行を分ける事例は存在する。例えば，それぞれ近畿日本鉄道（近鉄）が経営してきた伊賀上野〜伊賀神戸間（16.6km）を運行する伊賀鉄道（列車を運行する伊賀鉄道とインフラを所有する伊賀市）や，桑名〜揖斐間（57.5km）を運行する養老鉄道（運行は養老鉄道，インフラ管理は養老線管理機構）などがあげられる。このほかにも，様々な形で上下分離が採用されている（第7章参照）。

　ただし，単純に「上下分離＝競争導入」ではないことに注意が必要である。列車運行で競争を導入するとしても，各社ごとに信号システムや列車無線の方

—————— コラム▶▶近鉄八王子線から四日市あすなろう鉄道への転換 ——————

　三重県にある八王子線は，かつては近鉄（近畿日本鉄道）が経営していたが，2015年より「四日市あすなろう鉄道」が運行している（図6−5）。八王子線は，もともと伊勢八王子まで営業していたが，1964（昭和39）年以降廃止が議論され，地元住民から強い反対運動が起きていた。1974年に集中豪雨の被害で天白川が氾濫した際に日永〜伊勢八王子間が休止になり，その後，河川敷に線路が敷設されており被害の大きかった西日野〜伊勢八王子間（1.6km）を廃止した。一方，被害が軽微であった日永〜西日野間（1駅1.3km）は，住民の反対もあり近鉄は廃止できず復旧が行われて，現在の西日野までの路線になった。

　2000年に鉄道事業法が改正されて退出規制も緩和されたことで状況に変化が生じた。2012年に近鉄が鉄道を廃止してバス転換する方針を打ち出したことで，鉄道存続を望む地元は対応を求められた。その結果，線路などの施設を四日市市が保有して（第二種鉄道事業），列車運行を四日市あすなろう鉄道（第二種鉄道事業。近鉄が75％，四日市市が25％を出資する第3セクター鉄道）が担う上下分離方式を採用して存続された。

図6−5　近鉄八王子線と四日市あすなろう鉄道

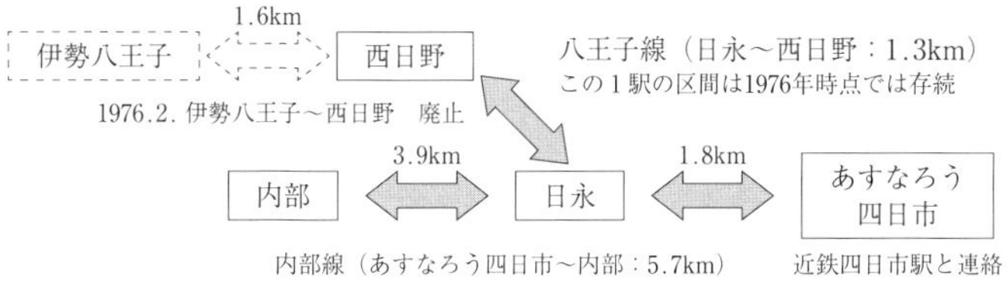

　（出所）　筆者作成

式，車両限界（車両の大きさ）や車両性能などが微妙に異なるため，現実には線路上を複数の鉄道会社が乗り入れて，競争することは安全に関わる技術上ないし運行上の課題などから容易でない。日本特有の事情もあるが，システムである鉄道を上と下に分けることの難しさも一因である。

5　内部補助の課題

　内部補助については，理論面から批判がなされた。第1は，内部補助を利用

した赤字路線（部門）の維持は，黒字部門の大きさで維持できるかが決定されるため，必ずしも社会的に必要な路線が存続するとは限らないことである。黒字部門が大きければ不必要な路線でも存続できる反面，黒字部門が小さければ社会的に必要な路線も廃止されてしまう可能性がある。第2は，なぜ黒字路線の利用者が，赤字路線の利用者を補助するため高い運賃を負担しなければいけないのか，理論的に説明しにくいことである。分配の公平にかかわる問題と言える。黒字部門と赤字部門の利用者が同一であれば理論上，問題ないが，実際には異なる例がほとんどである。例えば大都市圏の JR 利用者が費用以上に高い運賃を負担して，地方のローカル線を維持することを理論的に納得させる説明は難しい。

　第3に，黒字部門の縮小により内部補助による赤字路線維持が現実問題として難しくなってきた。乗合バス事業では，特に大都市部以外のその他地域では，近年8割以上の事業者が赤字経営である（表6-1）[3]。県庁所在地クラスの都市

表6-1　乗合バス会社の収支状況　　　　　　　　　単位：億円

年度	地域の別	収入	支出	損益	経常収支率（％）	事 業 者 数		
						黒字	赤字	計
H30	大都市部	4,615	4,499	116	102.6	51(44)	28(27)	79(71)
	その他地域	2,742	3,238	−496	84.7	18	143	161
	計	7,357	7,737	−380	95.1	69(62)	171(170)	240(232)
R1	大都市部	4,564	4,577	−14	99.7	47(40)	30(29)	77(69)
	その他地域	2,677	3,225	−548	83.0	18(18)	140(140)	158(158)
	計	7,240	7,802	−561	92.8	65(58)	170(169)	235(227)
R2	大都市部	3,454	4,398	−944	78.5	1(1)	75(66)	76(67)
	その他地域	1,977	3,025	−1,048	65.3	0(0)	156(156)	156(156)
	計	5,431	7,423	−1,992	73.2	1(1)	231(222)	232(223)
R3	大都市部	3,809	4,296	−487	88.7	17(11)	58(54)	75(65)
	その他地域	2,056	2,940	−884	69.9	2(2)	151(151)	153(153)
	計	5,865	7,236	−1,371	81.0	19(13)	209(205)	228(218)

注：（ ）内の数字は，2以上のブロックにまたがる事業者について，その重複を除いた結果の事業者数を示す。
（出所）　日本バス協会編『日本のバス事業2022』

でも，利用者減少から廃止される路線や補助金により維持されている路線もある。この結果，社会的に必要な路線の維持は，内部補助でなく外部補助（国や自治体による公的補助）が活用されるようになり，それとともに内部補助による路線維持の根拠も弱まってきた。またJR各社の赤字ローカル線の存廃問題についても，経営状態の厳しい会社ほどシビアな議論になる傾向が見られる。

注
⑴　コンテスタブル市場について，詳しい理論の説明は，江副（1994）第7章などを参照のこと。
⑵　ヨーロッパ諸国における鉄道の上下分離については，堀（2000）を参照のこと。
⑶　令和2年度（R2）と令和3年度（R3）は新型コロナの影響で乗合バス会社の収支は大きく悪化した。しかしコロナ以前（令和元年度と平成30年度）においても，大都市部以外では厳しい経営状況にあった。

練習問題
1．経済発展により需要が拡大したり，技術革新が生じたりすると，なぜ規制緩和につながるのか，説明しなさい。
2．規制緩和を可能にした理由を，航空事業と鉄道事業について，それぞれ理論的に説明しなさい。

参考文献
江副憲昭（1994）『市場と規制の経済理論』中央経済社
日本バス協会編（2023）『日本のバス事業 2022』日本バス協会
堀雅通（2000）『現代欧州の交通政策と鉄道改革──上下分離とオープンアクセス』税務経理協会
矢野恒太記念会編（2020）『数字でみる日本の100年』［改訂第7版］矢野恒太記念会

第7章

交通事業の変化と規制緩和事例

キーワード

アメリカ州際路線の規制緩和　ハブ・アンド・スポークシステム
CRS　FFP　新規航空会社　LCC　鉄道事業の上下分離　バス事業の
分社化

スカイマークエアのB767型機：1998年にスカイマークエアと北海道国際航空（AIRDO）
の2社が新規に航空事業へ参入して，既存航空会社と競争が開始された。

1978年10月に制定されたアメリカの航空規制緩和法により，国内線の州際路線で規制緩和が行われた。アメリカでの規制緩和は，日本の航空事業，さらには交通事業全般に影響を与え，交通事業への需給調整規制は2001年度までに撤廃された。航空事業では既存会社の競争に加えて新規航空会社が参入し，鉄道事業やバス事業でも競争が導入された。規制緩和は競争を促進する動きとともに，地方を中心に路線廃止も進んだ。

1　アメリカの国内航空事業における規制緩和

　米国を始め航空業界では，長年，既存企業保護の観点から参入や運賃，路線設定に厳しい経済的規制が課されてきた。米国では，1938年の民間航空法（Civil Aeronautics Act of 1938）により設置されたCAB（Civil Aeronautics Board：民間航空委員会）により複数州をまたぐ路線である州際路線の免許や料金に規制が課されていた。CABは国内幹線への新規参入を認めないなど，競争制限的に対応しており，例えば東海岸と西海岸を結ぶ直行便の運航はユナイテッド航空，アメリカン航空，TWAの3社に限定されていた。

　1975年当時カリフォルニア州やテキサス州など実質的に規制がない州内路線と州際路線の片道運賃を比較すると，規制が課されている州際路線の方が，規制緩和された州内路線より，運賃が高くなる傾向にあった（表7-1）。当時，規制緩和が進んでいたカリフォルニア州の州内路線と，ほぼ同距離の州際路線の平均運賃を比較すると，州際路線の運賃が1.7〜2.1倍になっている。ただし，航空会社が超過利潤を得ていると単純に結論づけることはできない。航空会社はCABの規制により価格競争ができないため，便数を増加させ乗客の利便性を高める戦略を採用した。この結果，ロードファクター（有償座席利用率）が低下し，高い運賃につながった。[1]CABの規制により，過度のサービス競争が生じて高価格になったと言える。

　米国では，規制緩和の第一歩として1976年に事前予約のみを条件とする低運賃が認められ，1978年10月に航空業界へ競争を導入する航空規制緩和法（Airline Deregulation Act of 1978）が成立して規制緩和が本格化した。1981年12月に路線への参入規制が廃止されて参入，退出が自由になり，1983年1月の運

表 7 - 1　アメリカの州際路線と州内路線の運賃比較

州内路線 （規制なし，カリフォルニア州）			州際路線 （規制あり）		
区　　間	マイル	運賃	区　　間	マイル	運賃
ロサンゼルス～ サンフランシスコ	338	18.75	シカゴ～ ミネアポリス	339	38.89
ロサンゼルス～ サクラメント	373	20.47	ボストン～ ワシントン	399	41.67
サンフランシスコ～ サンディエゴ	456	26.21	デトロイト～ フィラデルフィア	454	45.37

注：1975年のコーチクラス片道運賃
（出所）　パット・ハンロン『グローバルエアライン』より作成

賃認可制廃止で経済的規制は撤廃された。CABも1985年1月に廃止された。

　規制緩和後の変化を利用者数からみると，1970年代から経済成長を反映して利用者数は増加していたが，規制緩和（1978年）以降，航空輸送量は傾向値を上回り大幅に増加した。また平均運賃は，割引運賃導入により以前から低下傾向にあったが，規制緩和後は従来以上に下落している。運賃下落は割引制度の充実という構造変化が大きく影響している。さらに国内航空市場には，アメリカウエスト（AmericaWest）航空のような新規企業の参入も見られた。一方，80年代半ば以降になると，大手企業の市場シェアが上昇した他，新規企業の多くは既存会社に合併されたり，市場から撤退したりするなど，市場構造は再度，寡占化した。

2　規制緩和から再寡占化へ

　1980年代半ば以降，アメリカの国内航空事業で寡占化が進んだ要因としては，規制緩和と同時期に登場したハブ・アンド・スポークシステム（Hub and Spoke System），CRS（Computer Reservation System：コンピュータ予約システム），FFP（Frequent Flyer Program：フリークエント・フライヤー・プログラム）が影響している。

　ハブ・アンド・スポークシステムとは，路線ネットワークを，少数の拠点空港（ハブ空港）を中心に，周辺都市に放射状（スポーク）に展開する方式である。

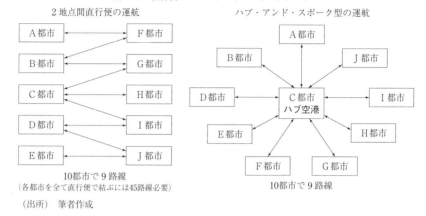

図7-1　直行便とハブ・アンド・スポークシステム

２地点間直行便の運航

ハブ・アンド・スポーク型の運航

10都市で９路線
（各都市を全て直行便で結ぶには45路線必要）

10都市で９路線

（出所）　筆者作成

これにより便数をあまり増加させずにサービス提供都市を増やすことが可能になる。規制緩和により新規路線への参入が容易になり，ハブ空港を中心とする路線再編が可能になったことで，多くの航空会社が導入した。図7-1はともに10都市に計９路線を運行しているが，２地点間直行便ではC都市でもG，H，Iの３都市にしか到達できない。一方，ハブ・アンド・スポーク型でC都市をハブ空港にして，そこから放射状に各都市へ路線を設定することで，ハブ空港で１回乗り換えは生じるが，同じ９路線で全都市（９都市）に到達可能である。さらにハブ空港があるC都市からは，乗り換えなしに各都市へ行ける。一方，このシステムを採用すると，ハブ空港に路線が集中することで，空港混雑が生じる。またハブ空港を中心にシェアを高めた支配的航空会社が独占力を発揮する余地を生んだ。特に主要都市にある空港を大手航空会社がハブ空港としたことで，大都市へ乗り入れる路線で運賃上昇が生じた。

　CRS（コンピュータ予約システム）は，航空便（自社便　他社便）のダイヤや運賃をコンピュータに入力しておき，旅行代理店におかれた端末を通じて必要な情報の検索・提供や予約，発券を行うシステムである。自社便だけでなく他社便の予約状況なども参照できる。利用者の支払い意思額を反映する，これまで以上に複雑な運賃の設定が可能になった上に，リアルタイムの販売状況に応じた臨機応変な運賃変更も容易である。一方，システムの開発費や運営費は巨額であり，システムを保有，運営できるのは資金力が豊富な大手航空会社（大手

航空会社を中心とするグループ）に限定された。導入当時は旅行会社を経由して予約，発券する人が多く，CRSの端末を旅行会社の窓口に設置することで，競争を有利に進められた。このシステムは，90年代になると航空券の予約発券だけでなく，旅行に必要なホテルやレンタカー，鉄道やバスなども同時に予約できるよう機能が拡大されたGDS（Global Distribution System）へ発展した。

　FFPとは，航空会社が利用実績に応じて行う常顧客優待制度である。利用マイル数や利用回数に応じて無料航空券の提供や無料アップグレード（エコノミークラスからビジネスクラスへの変更）などを行えるマイレージサービスを指す。特典を得るためFFP会員になっている航空会社に利用を集約する傾向が生じやすく（顧客ロイヤルティの維持），路線ネットワークが広い，大手航空会社ほど有利になる。

　さらに会員の属性や利用動向を分析することで，CRSから過去の予約状況について詳細なデータを得て，複雑な割引運賃の設定をしたり，FFPの無料航空券に割り当てる座席数を決定するなど，自社のマーケティングに応用可能である。

3　日本の交通事業における規制緩和

　米国の国内航空事業で開始された規制緩和は，日本の交通事業にも影響を与えた。1997年に運輸省は行政改革委員会の提言を受け，交通事業への需給調整（参入規制）を2001年度までに撤廃すると発表した（表7-2）。

　航空事業は，2000年2月に航空法が改正され，参入は「路線免許」から「事業者許可」へ，運賃は「認可」から「事前届出」へ緩和された。需給調整規制が課される「免許」から，課されない「許可」への変更は規制緩和を意味する。同様に「認可」は，費用チェックなどが細かく行われ，国が適正と認める必要があるのに対して，「届出」は企業が知らせることなので，「認可」から「届出」も規制緩和になる。ただし国内航空事業では，後述のように航空法改正以前から同一路線への複数社の乗入れや，幅運賃制度導入など，競争導入が行われていた。

　鉄道事業についても，2000年3月の鉄道事業法改正で，旅客輸送への参入は

表7-2　主要交通事業における規制の変化

	国内定期航空 改正航空法 2000年2月施行		鉄道（注1） 改正鉄道事業法 2000年3月施行		乗合バス 改正道路運送法 2002年2月施行	
	従　来	改　正	従　来	改　正	従　来	改　正
参　入	路線免許(注3)	事業者許可	路線免許	路線許可	路線免許	事業者許可
需給調整	有り	無し	有り	無し（貨物は有り）	有り	無し
廃止	事後届出	6カ月前届出	許可	1年前届出（貨物は許可）	許可	6カ月前届出 地域協議会の設置（注5）
運送引受義務	無し	無し	有り	有り	有り	無し
運賃	認可（幅運賃制度96.6～）	事前届出制	認可（注4）	上限認可制（上限内事前届出）標準原価方式	認可	上限認可制（上限内事前届出）標準原価方式
運賃変更命令（注2）	有り	有り	有り	有り 有り	有り	有り 有り

＊　1997年1月に運輸省は，交通事業への需給調整（参入規制）を2001年度までに撤廃すると発表。

注1：1987年4月　日本国有鉄道の分割民営化によりJR誕生。鉄道事業法による規制（JR・私鉄）。

注2：特定利用者への不当な差別，利用困難性，略奪的運賃設定による不当競争などの場合，国土交通大臣が変更を命令。詳細は事業法ごとに異なる

注3：1986年6月　ダブル・トリプルトラック化の導入。

注4：1997年1月より上限価格制を事実上，適用。

注5：国が路線維持に責任を持つのは広域的・幹線的路線のみ。これから外れる路線は地方自治体の責任で維持。

（出所）　筆者作成

「路線免許」から「路線許可」へ変更され，運賃も「認可」から「上限認可制」（上限内であれば割引等は事前届出で可能）になった。ただし鉄道事業についても，事実上，上限運賃は改正以前の1997年から導入されている。

　乗合バス事業は，2002年2月の道路運送法改正により，「路線免許」から「事業者許可」へ，運賃は「認可」から「上限認可制」へ変更された。このように規制緩和は，航空事業だけでなく，鉄道や乗合バス（さらにはタクシー）など，交通事業全般で進められた。

　参入規制と料金規制，退出規制などは相互に関係しており，参入規制や料金規制の緩和は，退出規制（廃止）を緩めることも意味する。例えば，鉄道事業では，廃止は「許可」から「1年前届出」へ緩和され，路線廃止は容易になった。第6章で取り上げた2015年4月の近鉄八王子線から四日市あすなろう鉄道

への転換は，退出規制の緩和により，地元が存続を希望しても第3セクター鉄道などの受け皿となる企業を設立する以外に方法がなかったことを意味する。地元に路線を存続させる意思がない，または財政的な余裕がなければ，鉄道は廃止されてバス転換されることになる。規制緩和の別の一面である。

　乗合バス事業についても，廃止は，「許可」から「6カ月前届出」に変更された。地域協議会での議論は必要だが，以前よりバス会社は不採算路線を廃止しやすくなっている。同時に，国が路線維持に責任を持つ国庫補助金対象路線は，幹線バスや地域内フィーダーバスに限定されるようになった。不採算路線で国庫補助金対象路線に該当しないが，地域社会が必要と見なした路線は，自治体（都道府県や市町村）の責任で維持（自治体単独補助）される。路線維持の仕組みが，内部補助から外部補助へ変更されたと言える。

4　航空事業の変化

(1)　国内航空市場の緩和

　1983年に海運会社と全日空の出資で国際航空貨物を専門に扱う日本貨物航空（NCA）が設立された。国際線を運行する場合，当該国の政府間で二国間協定を締結する必要があり，同社は米国への乗入れを希望したため，日本政府と米国政府の間で日米航空協定の改正が必要になった。改正は時間を要したが（1985年の暫定合意でNCAは米国乗入れが認められた），最終的に1998年の合意で，日米間・以遠区間の路線および便数の制限が大幅に緩和されて，競争が導入された。さらに共同運行（コードシェア）なども認められることになった。

　全日空の国際線乗り入れなど競争促進は，国内線へ競争をもたらした。1986年の運輸政策審議会答申では，国際線の複数社体制とともに，国内線の競争促進と日本航空の完全民営化が打ち出され，45.47体制（第2章参照）は終焉を迎えた。国内線の競争促進策では，高需要な国内線に複数社の参入を認めるダブルトラック，トリプルトラックが導入され，運賃の弾力化も行われた。ダブルトラックとは，1路線に2社の参入を認める政策であり，答申直後は年間利用者数70万人以上の路線（札幌，東京，名古屋，大阪，福岡，鹿児島および那覇の各空港を結ぶ路線は年間需要30万人以上とより低い水準）を対象にした。1992年，96年

　日本が最初に結んだ二国間協定は，1952年8月に調印された日米航空協定である。路線や航空会社は協定で決められたが，1952年当時，二国間を運行する指定航空会社は，日本は日本航空1社，米国がパンアメリカン航空（後にユナイテッド航空に変更），ノースウエスト航空，フライングタイガー航空（貨物専用，後にフェデラルエキスプレスに変更）の3社とされた。また日本の路線は①中部太平洋を経てホノルルおよびサンフランシスコならびに以遠，②北太平洋を経てシアトル，③沖縄（当時は米国の管理下）および以遠であった。一方，米国の路線は①米国からカナダ，アラスカを経て東京および以遠，②アメリカから中部太平洋を経て東京および以遠，③沖縄から東京と定められた。この協定に基づき，1954年2月に日本航空が東京～サンフランシスコ間に週2往復の国際線を運航した。

　日本の①に「サンフランシスコならびに以遠」とあるが，これはサンフランシスコからさらに第三国へ飛べることを意味しており，以遠権（Fifth Freedom Flight）と呼んでいる。米国からの路線に「東京および以遠」と書かれているが，これもニューヨークやサンフランシスコ発の米国の飛行機が東京を経由して中国や韓国，東南アジア諸国などへ向かえることを意味する。

　日米航空協定は，当時の両国の国力の反映とも言えるが，指定航空会社数や以遠権の扱いで日本側に不利な協定と見なされてきた。乗入れ地点の変更や拡大など，協定は何度も改定されたが，抜本的な改正は1998年まで長期間を要した。

に対象路線の利用者数の引き下げが行われ，97年に基準を廃止した。また1路線に3社の参入を認めるトリプルトラックは，当初は年間利用者数100万人以上の路線が対象であったが，同様に対象利用者数を引き下げて97年で基準は廃止された。一方，96年6月より幅運賃制度が導入されて運賃も規制緩和された。幅運賃制度は，航空会社の平均的な運行費用に適正利潤を加えた標準原価を上限に，そこから25％低い水準を下限にして，この幅の中で企業が自由に運賃を設定できる仕組みである。制度導入後，JALやANAと競合する幹線を中心にJASは2社より安い運賃を設定して対抗した。例えば東京―大阪間の片道普通運賃は，導入前はJAL，ANA，JASの3社は14,600円で同額であったが，幅運賃制度導入後はJALとANAの15,650円に対してJASは15,150円に設定

して，わずか500円だが，既存3社で運賃に差が生じた。2000年からは事前届出制へ変更され，さらに運賃の緩和につながった。

(2)　新規航空会社の参入

　1998（平成10）年にスカイマークエアと北海道国際航空（AIRDO）が新規航空会社としてそれぞれ東京～福岡間，東京～札幌間に参入した。その後もスカイネットアジア航空（現ソラシドエア），スターフライヤーなど新規航空会社の参入が続いた（表7-3）。

　スカイマークエアと AIRDO は既存航空会社の半額程度の運賃を謳い文句に参入した。これを実現するため，同一機種（B767：就航当時）の採用，機内サービスの簡素化（飲み物等有料），高密度な座席配置，機材の高稼働，外国人パイロットの採用，機体整備の外注化など，費用削減や効率化に取り組んだ。一方，既存航空会社が新規航空会社に対抗して多様な割引運賃を導入したり，ローカル線を子会社へ移管するなど費用削減に取り組んだこともあり，新規企業の経営は厳しい状況が続いた。2002年6月に AIRDO が東京地方裁判所に民事再生法を申請して全日空傘下で再建を目指したほか，2004年6月にはスカイネットアジア航空が産業再生機構の支援を受けた。また多少事情は異なるが，スカイマークエアも2015年1月に民事再生法を申請し，ANA HD の支援を受けて再建が進められた（2016年3月に再生手続き終結）。

　既存航空会社では，2002年に JAL と JAS が経営統合された。しかし組合の乱立，赤字路線削減に踏み切れないなど，統合後も経営効率化は進まなかった。リーマンショック後の市場環境の悪化もあり，2010年1月に会社更生法を申請するに至った。負債総額2兆3,000億円以上におよぶ戦後最大規模の経営破綻である。年金制度改革や機材の小型化，不採算路線からの撤退，関連子会社の売却などを進めたことで，2011年3月に更生手続きを完了している。

　規制緩和後も新規航空会社の経営は厳しい状況が続いていたが，2010年に国土交通省が「オープンスカイの促進」「首都圏空港競争力強化」「LCC 参入促進」を打ち出したこともあり，ジェットスターグループ，エアアジア X，春秋航空，チェジュエアなど外国の LCC（Low Cost Carrier）が地方空港を含め積極的に参入した。また2012年には Peach（ANA 出資）やジェットスター・ジャパ

表7-3 日本における新規航空会社

航空会社		免許・許可日	路線数 （路線）	1日あたり 便数（数）	従業員数 （人）	航空機数 （機）
スカイマーク		1998年7月	18	67	2,238	27
AIR DO		1998年10月	10	29	926	13
ソラシドエア		2002年5月	10	34	834	13
スターフライヤー		2006年1月	6	32	786	12
Peach・Aviation		2011年7月	16	29.1	1,197	23
バニラ・エア		2012年2月	6	12.6	715	15
ジェットスター・ジャパン		2012年4月	19	42.7	891	25
春秋航空日本		2013年12月	3	5	456	6
エアアジア・ジャパン		2015年10月	1	2	335	2
参考	日本航空	1952年10月	80	339.2	11,965	165
	全日本空輸	1953年10月	119	395.1	14,139	264

注1：路線数と1日あたり便数は2018年1月現在，従業員数と航空機数は2019年1月現在
注2：日本航空には日本航空，ジェイエア，北海道エアシステムを，全日本空輸には全日本空輸，
　　　ANAウイングスを含む
（出所）　国土交通省航空局監修『数字で見る航空2020』より作成

ン（JALとカンタス航空出資）が，日本のLCCとして新規参入した。その後も2013年にバニラ・エア（ANA子会社，2019年10月にPeachと統合），2014年にエアアジア・ジャパン（2020年11月自己破産を申請）など参入は続いた。LCC向けのターミナルも，関西国際空港（Peachが拠点）や成田空港（ジェットスター・ジャパン，バニラ・エアが拠点）に建設された。

　日本のLCCは，必ずしもベンチャー資本による独立系企業でなく，ANAやJALという大手航空会社の資本下にあることが特徴である。また路線数や便数などをみても，日本はLCCの占める比率が小さい国と言える。

5　鉄道事業の変化

　2000年3月に改正鉄道事業法が施行された。運賃で上限認可制やヤードスティック競争（標準原価方式）が採用されたことで，2005年度から2008年度にかけて315億円の利用者メリットがあったと，内閣府は試算した。[2]

　一方，規制緩和により事業からの撤退が容易になり，路線廃止が増加した（表7-4）。路線廃止には新幹線開業に伴う並行在来線区間などもあるが，多くは旧国鉄の転換線を引き継いだ路線や，もともと経営の厳しかったローカル線の廃止である。これまで内部補助で維持されてきた大手私鉄のローカル線で廃止された区間もある。利用者が少なく経営が厳しい鉄道線を存続させるため，インフラ部分を地元自治体で保有して事実上の補助を行う上下分離方式の活用も増加している（表7-5）。第6章で取り上げた四日市あすなろう鉄道や伊賀鉄道，養老鉄道以外にも，信楽高原鉄道，若桜鉄道など上下分離の事例はいくつも存在する。また北近畿タンゴ鉄道のように，旧国鉄の転換線である第3セクター鉄道から，経営悪化により民間事業者（WILLER TRAINS：高速バス事業のWILLER EXPRESSの子会社）が運営を引き継いだ事例もある。

　上下分離の多くは，経営悪化したローカル鉄道の維持策としての他，大都市部における新線建設に伴う建設費負担対策として行われている。上下分離を導入する競争政策上の目的は，鉄道事業を競争的な領域（上に相当する列車運行部分）と，非競争的な領域（下の相当するインフラ部分）に分けて，競争的な領域に市場メカニズムを導入して効率化を図ることだが，日本では鉄道を建設したり，存続させる手段としての性格が強いといえる。

表7-4　鉄道路線の廃止状況

年度	1997	1998	1999	2000	2001	2002	2003	2004	2005	2006	2007
廃止キロ	86.4	6.2	30.4	16.9	70.4	110.5	194.2	32.0	104.3	181.8	176.4

注：日本貨物鉄道の第2種路線廃止を除く
（出所）　『鉄道要覧』より作成

6　バス事業の変化

(1)　規制緩和後の状況

　モータリゼーションの進行以降，乗合バス事業は厳しい状況が続いている。バス事業の規制緩和は，以前から参入や増車枠の拡大が段階的に実施されていた貸切バス事業で2000年2月に先行して行われ，乗合バスを含めた道路運送法の改正は2002年2月になされた。貸切バス事業が先行した理由は，異業種から

表7-5 第2種鉄道事業と第3種鉄道事業

区間	距離・km	第二種鉄道事業者	路線名	第三種鉄道事業者	タイプ
目時―青森	121.9	青い森鉄道	青い森鉄道線	青森県	新幹線並行在来線（旧国鉄在来線）
七尾―穴水	33.1	のと鉄道	七尾線	西日本旅客鉄道（第一種・第二種・第三種）	ローカル線（旧国鉄転換線）
小室―印旛日本医大	12.5	北総鉄道	北総線	千葉ニュータウン鉄道	都市鉄道
JR成田線分岐点―成田空港	8.7	東日本旅客鉄道	成田線	成田高速鉄道アクセス	空港アクセス
成田本線分岐点―成田空港	2.1	東日本旅客鉄道	成田空港線	成田空港高速鉄道	空港アクセス
成田高速鉄道アクセス線接続点―空港第2ビル	7.5	京成電鉄	成田空港線	成田高速鉄道アクセス	空港アクセス
印旛日本医大―成田高速鉄道アクセス線接続点	10.7	京成電鉄	成田空港線	成田高速鉄道アクセス	空港アクセス
京成高砂―小室	19.8	京成電鉄	北総線	北総鉄道	都市鉄道
長津田―こどもの国	3.4	東急電鉄	こどもの国線	横浜高速鉄道	観光鉄道・歴史鉄道
目黒―白金高輪	2.3	東京都交通局	三田線	東京地下鉄	都市地下鉄
常滑―中部国際空港	4.2	名古屋鉄道	空港線	中部国際空港連絡鉄道	空港アクセス
味鋺―上飯田	2.3	名古屋鉄道	小牧線	上飯田連絡線	都市鉄道
上飯田―平安通	0.8	名古屋市交通局	上飯田線	上飯田連絡線	都市鉄道
勝川―枇杷島	11.2	東海交通事業	城北線	東海旅客鉄道（第一種）	都市鉄道
あすなろう四日市―内部	5.7	四日市あすなろう鉄道	内部線	四日市市	都市鉄道
日永―西日野	1.3	四日市あすなろう鉄道	八王子線	四日市市	都市鉄道
伊賀上野―伊賀神戸	16.6	伊賀鉄道	伊賀線	伊賀市	ローカル線
桑名―揖斐	57.5	養老鉄道	養老線	養老線管理機構	ローカル線
貴生川―信楽	14.7	信楽高原鐵道	信楽線	甲賀市	ローカル線
トロッコ嵯峨―トロッコ亀岡	7.3	嵯峨野観光鉄道	嵯峨野観光線	西日本旅客鉄道	観光鉄道
宮津―福知山	30.4	WILLER TRAINS	宮福線	北近畿タンゴ鉄道（第一種）	ローカル線（旧国鉄転換線）
西舞鶴―豊岡	83.6	WILLER TRAINS	宮津線	北近畿タンゴ鉄道（第一種）	ローカル線（旧国鉄転換線）
新大阪―久宝寺	20.3	西日本旅客鉄道	おおさか東線	大阪外環状鉄道	都市鉄道
コスモスクエア―大阪港	2.4	大阪市高速電気軌道	中央線	大阪港トランスポートシステム	都市鉄道
生駒―学研奈良登美ヶ丘	8.6	近畿日本鉄道	けいはんな線	奈良生駒高速鉄道	都市鉄道
中之島―天満橋	3	京阪電気鉄道	中之島線	中之島高速鉄道	都市鉄道
京橋―尼崎	12.5	西日本旅客鉄道	JR東西線	関西高速鉄道	都市鉄道
りんくうタウン―関西空港	6.9	西日本旅客鉄道	関西空港線	新関西国際空港	空港アクセス
西九条―大阪難波	3.8	阪神電気鉄道	阪神なんば線	西大阪高速鉄道	都市鉄道
県社分岐点―和歌山港	2	南海電気鉄道	和歌山港線	和歌山県	ローカル線・歴史要因
高速神戸―元町	5.7	阪急電鉄	神戸高速線	神戸高速鉄道	都市鉄道
西代―神戸三宮	1.5	阪神電気鉄道	神戸高速線	神戸高速鉄道	都市鉄道
新開地―湊川	0.4	神戸電鉄	神戸高速線	神戸高速鉄道	都市鉄道
総社―清音	3.4	井原鉄道	井原線	井原鉄道（第一種）	ローカル線（旧国鉄転換線）
八頭町若桜接続点―若桜	2.7	若桜鉄道	若桜線	若桜町	ローカル線（旧国鉄転換線）
郡家―若桜町若桜接続点	16.5	若桜鉄道	若桜線	八頭町	ローカル線（旧国鉄転換線）
九州鉄道記念館―関門海峡めぐり	2.1	平成筑豊鉄道	門司港レトロ観光線	北九州市	観光鉄道
各社	8292.7	日本貨物鉄道	各社	JR旅客会社各社	貨物鉄道

『令和2年度鉄道要覧』より作成

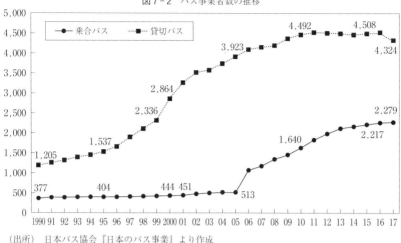

図7-2　バス事業者数の推移

（出所）　日本バス協会『日本のバス事業』より作成

　貸切バス事業を経由して乗合バス事業へ進出することや，貸切事業者が市町村からコミュニティバスを受託するなど，乗合バスへ進出する前に経験を積むことを想定したためである。

　規制緩和後，事業者数は増加した（図7-2）。乗合バス事業者は2001年度の451者に対して2017年度は2,279者と5.05倍に，貸切バス事業者は1999年度の2,336者から2017年度は4,324者へ1.85倍になった。これは規制緩和前に貸切免許（21条）の例外規定でコミュニティバスや過疎地域の代替バスを運行していた事業者が，本来の乗合事業者（4条）になったことも一因である。一方，車両数は事業者数の増加ほどには増えておらず，特に乗合バス車両数はほぼ横ばいである。バス事業者の規模を規制緩和以前（1995年度）と規制緩和後（2015年度）で比較すると，大規模事業者の比率が低下し，10両以下の小規模事業者の比率が増加している（表7-6）。これは乗合バスで顕著であり，大手事業者で分社化（後述）が進んだ他，貸切バスやタクシー，トラック事業者から小規模な参入が行われたことが要因である。

　規制緩和後も乗合バス輸送人員は微減であり，2001年度の利用者数46億3,301万人から2017年度は43億4,226万人へ（93.7％），営業収入は2001年度の1兆208億円から2017年度は9,498億円へ減少（93.0％）している。貸切バスの輸

表7-6 バス事業者の規模

乗合バス

区 分	1995年度		2015年度	
	事業者数	構成比	事業者数	構成比
10両まで	86	21.3	1,559	70.3
30両まで	86	21.3	300	13.5
50両まで	28	6.9	96	4.3
100両まで	52	12.9	97	4.4
200両まで	68	16.8	76	3.4
300両まで	31	7.7	32	1.4
500両まで	20	5.0	26	1.2
501両以上	33	8.2	31	1.4
合 計	404	100.0	2,217	100.0

貸切バス

区 分	1995年度		2015年度	
	事業者数	構成比	事業者数	構成比
10両まで	876	57.0	2,955	65.6
30両まで	393	25.6	1,265	28.1
50両まで	130	8.5	188	4.2
100両まで	102	6.6	85	1.9
101両以上	36	2.3	15	0.3
合 計	1,537	100.0	4,508	100.0

（出所） 国土交通省自動車局監修『数字でみる自動車1997』『数字でみる自動車2017』より作成

送人員は，1999年度の2,516億人から2017年度は2,993億人へ，若干増加した（1.19倍）。一方，営業収入は5,434億円から5,765億円へ微増した（1.06倍）。貸切バスの輸送人員と営業収入の関係をみると，規制緩和後しばらくは輸送人員が微増したものの，営業収入は減少しており，1人あたり営業収入は低下している。その後，2012年4月に群馬県藤岡市の関越自動車で発生したツアーバスによる大規模な事故を受けて下限割れ運賃の取り締まり強化がなされたことや，運転手不足等による市場の需給関係を反映して，1人あたり営業収入は増加傾向を示している。

乗合バス路線への新規参入も，大都市近郊の路線への参入を中心に全国でみられた（表7-7）。このほか高速バスや空港アクセス路線への参入，一部だが地方の乗合路線への参入も行われた。その多くは貸切バス事業からの参入であり，政策誘導がある程度有効に機能したと言える。一方，厳しい経営状況を反映して，全国でバス会社の法的整理，経営破綻も相次いで発生した（表7-8）。バス路線廃止も毎年1,000km程度生じている。

運賃は上限認可制となり，その範囲内で運賃設定が事前届出制になった。競合他社に対抗して高速バスの一部の便で運賃の大幅引き下げを行った例や，高齢者定期券や各種フリー切符の販売など，営業施策割引も実施された。

表7-7　規制緩和後の主な新規路線

事業者		路　線	サービス内容
富士交通	貸切バス	仙台―福島・郡山	高速バス
磐梯東都バス	タクシー，貸切バス	福島県喜多方市	地方部乗合，観光路線
藤田合同タクシー	タクシー，貸切バス	栃木県矢板市	地方部乗合，スクール路線
しおや交通	貸切バス		
マイスカイ交通	トラック	埼玉県三郷市	大都市近郊乗合バス（コミュニティバス）
メートー観光	貸切バス		
飯島興業	貸切バス		
矢島タクシー	タクシー	熊谷―太田	新幹線連絡急行バス
あおい交通	貸切バス	愛知県春日井市	大都市近郊ニュータウンアクセス（住民組織委託による貸切運行を経て乗合移行）
大和交通	タクシー，貸切バス	福井県小浜市	地方部路線（JRバス廃止代替）
エムケイ	タクシー	京都市中心部	大都市市内循環路線
ヤサカバス	貸切バス	京都府向日市	大都市近郊ニュータウンアクセス路線
はくろタクシー	タクシー	姫路―神戸，姫路―加西	深夜急行バス
高松エキスプレス	フェリー	大阪・難波―高松	高速バス
北部観光	貸切バス	沖縄県	那覇空港―ホテル間路線
丸建自動車	トラック	上尾駅―蓮田駅	大都市近郊乗合バス
イーグルバス	貸切バス	埼玉県東松山，嵐山地区	大都市近郊乗合バス
神園交通	タクシー	熊本空港―八代市街	空港アクセス路線
ジャパンタローズ	トラック	越谷市，吉川市，松伏町	大都市近郊乗合バス
大新東バス	自動車運転管理	金沢文庫西口―レイディアントシティ	大都市近郊乗合バス
海王交通	タクシー，貸切バス	新湊市役所―雨晴海岸	地方部路線
愛子観光バス	貸切バス	錦ヶ丘八丁目―仙台駅前	大都市近郊乗合バス
セレモニー観光	冠婚葬祭輸送	京都女子学園前―京都駅八条口	大都市近郊乗合バス
ニュー東豊	タクシー，貸切バス	天王台駅―湖北台	大都市近郊乗合バス
浜松バス	貸切バス	浜松市港北区	大都市近郊乗合バス
イルカ交通	貸切バス	小矢部・高岡・砺波―名古屋	高速バス
おびうん観光	貸切バス	帯広―新千歳空港	空港アクセス路線
銀河鉄道	貸切バス	東京都東村山市，小平市	大都市近郊乗合バス

（出所）　寺田一薫「規制緩和結果の検証　乗合バス市場」および各社HPより作成

表7-8 1999年以降のバス事業の法的整理等の事例

・民事再生法
東陽バス，那覇バス，北都交通，富士交通，琉球バス，茨城交通，岩手県北自動車，南部バス
・会社更生法
京都交通，水間鉄道，福島交通
・その他
大分バス（私的整理），常磐交通自動車（特別精算），中国バス（私的整理），会津乗合自動車（企業再生支援機構），井笠鉄道（破産），熊本バス（地域経済活性化支援機構）
・産業活力再生特別措置法関係
北海道旅客鉄道（JR北海道バス），箱根登山鉄道，いわさきコーポレーション，立山黒部貫光，国際興業，日立電鉄バス他4社，アルピコグループ松本電鉄他3社
（産業再生機構支援）
九州産業交通，関東自動車，宮崎交通
・産業競争力強化法関連
土佐電気鉄道，高知県交通

（出所） 国土交通省編『交通政策白書2018』

(2) バス事業の分社化

　乗合バスは労働集約的な産業であり，人件費が原価の58.5％（2020年度）を占める。大都市圏（三大都市圏：58.6％）とその他地域（58.3％）を比較しても，比率に大きな差は存在しない。また過去のデータ（2016年度以降）をみても，人件費比率は毎年60％程度で一定している。バス事業の経営改善では，人件費比率の引き下げが1つのポイントになる。

　バス事業の多くは，鉄道路線の末端輸送を担うことや，路線競合を避ける意味から鉄道事業の兼業として経営されてきた。費用を削減する方策の1つが，バス事業（または特定の部門）を本社から分離する事業分割（分社化）である。本体から分離する際に職員の労働条件や賃金体系を見直すことで，人件費の削減を行っている。製造業でも親会社と子会社で分社化は行われるが，乗合バス事業では需要の長期にわたる減少，規制緩和による競争激化への対応策として行われた側面が強い。鉄道事業とバス事業を分けるタイプ（例えば1997年4月の京王電鉄から京王電鉄バスの分社化など）と，費用構造や市場構造（競争条件）が異なる乗合バスと貸切バスを分けるタイプ（神姫バスから貸切部門の神姫観光へ分

─────── コラム▶▶バス事業の区分 ───────

バス事業には，いくつかの区分がある。

営業用バス　他人の需要に応じて有償で旅客を輸送。緑ナンバーで運転に二種免許が必要。

- 一般：不特定多数を対象に輸送する（乗合バス，貸切バス）
- 特定：特定の人や団体のみを輸送する（スクールバス，社員送迎バス）

自家用バス　主に企業やホテル，飲食店等が保有して，社員や自社の顧客を輸送する。料金は徴収できない。白ナンバーかつ普通免許（大型）で運転可能。

乗合バス　1台のバスに複数の乗客が乗り合わせ，個別に運賃を支払う。さらに乗合バスは，路線を定めてダイヤに従い運行する「（一般）路線バス」と「高速バス」に分かれる。この他，路線は定めるが予約に応じて運行する「路線不定期」，区域内を予約に応じて運行する「区域運行（デマンドバス）」がある。デマンドバスは，10人以下の車両を用いる場合はデマンドタクシーと呼ばれることも多い。

貸切バス　旅行会社などが利用者を集めて一括して契約（貸切契約）を結ぶ。1台のバスを同じ団体の参加者のみで利用。なお規制緩和以前は，主に乗合バス廃止後に貸切バス（21条）の例外規定を利用して乗合バスを運行する事業者もあった。また2013年7月までは，高速ツアーバスのように旅行会社による募集型企画旅行の形態で貸切バスを利用して乗合高速バスの類似サービスを運行した例もある。ただし，この形態は2013年7月31日より新高速乗合バス制度に移行して一本化された。

離など）がある。

　事業分割の他に地域分割や，管理の受委託もある。地域分割としては，バス営業所単位で子会社に分けるタイプが一般的である。例えば，京王電鉄バスから京王バス東（1997年），京王バス中央（2003年），京王バス南（2003年，もと南大沢京王バス），京王バス小金井（2005年）が分社化されている。地域分割は全国各地で90年前後から進められ，90年代後半からは比較的経営状態が良い首都圏のバス会社でも実施されるようになった。

　近年は，合理化が進んだこともあり，再度，分社化した子会社を統合する例もある。上記の京王バスグループは，2020年10月に京王バス東，京王バス中央，

京王バス南の3社が合併して京王バスに，2022年4月に京王電鉄バスが京王バス小金井を合併して，京王電鉄バスと京王バスの2社体制に改められた。

この他，バス路線の運行業務，運行管理業務，整備管理業務を別会社に委託する管理の受委託も行われている。これは運営責任，路線許可，車両，収入は委託者に帰属し，委託者は受託者に委託料を支払う方法である。乗合バスに関する管理の受委託は1991年から開始され，その後受委託の範囲が拡大されてきた。

管理の受委託としては，2003年度から東京都交通局（都バス）路線の一部を受託するはとバス（都内5営業所の路線を委託）や，横浜市交通局（2007年から2営業所を横浜市交通局の外郭団体である横浜交通開発が受託）の例などがある。この他，分社化した子会社に，一部路線を委託する会社もある。

注
⑴　例えば塩見（2006）『米国航空政策の研究』p.129によると，1975年の州際路線（幹線）の平均ロードファクターは53.8%だったが，カリフォルニア州の州内企業であるエア・カリフォルニアの数値は70.1%，PSA（Pacific Southwest Airlines）は61.6%であった。
⑵　内閣府（2007）による試算。試算によるとJRで21億円，大手民鉄で294億円の計315億円となった。

練習問題
1．日本の交通事業では，参入規制が免許から許可へ変更された。なぜ免許から許可に変わると規制緩和になるか，説明しなさい。
2．規制緩和前後で乗合バス市場に生じた変化を説明しなさい。

参考文献
宇都宮浄人（2020）『地域公共交通の統合的政策』東洋経済新報社
国土交通省編（2018）『交通政策白書2018』勝美印刷
国土交通省航空局監修（2020）『数字でみる航空2020』日本航空協会
国土交通省自動車局監修（1997）『数字でみる自動車1997』日本自動車会議所
国土交通省自動車局監修（2017）『数字でみる自動車2017』日本自動車会議所
国土交通省鉄道局監修『鉄道要覧』［各年版］電気車研究会・鉄道図書刊行会
塩見英治（2006）『米国航空政策の研究——規制政策と規制緩和の展開』文眞堂
日本バス協会『日本のバス事業』［各年版］日本バス協会

内閣府（2007）「規制改革の経済効果　利用者メリットの分析（改訂試算）2007年版」
　　『経済効果分析レポート』第22号

原田峻平・幕亮二・山内弘隆（2013）「規制緩和後の国内旅客運送事業の分析に関す
　　る論文紹介」『運輸政策研究』第15巻第4号，pp. 50-55

ハンロン，パット　木谷直俊他訳（1997）『グローバルエアライン』成山堂

増井健一・山内弘隆（1990）『航空輸送』晃陽書房

第 8 章

価格理論の基礎

キーワード

需要と供給　限界費用　平均費用　消費者余剰　独占　価格差別

ブリッジウォーター運河：産業革命の初期にリバプールとマンチェスターを結ぶ輸送路
として利用された。他の水路と協定を結び，独占的な地位を得たことで多額の利益を上
げた。

我が国における交通研究は，海運や鉄道などにおける実務的な必要に対応するための「交通論」として始まった。しかし今日ではミクロ経済学（価格理論）の応用として位置付けられる「交通経済学」としての研究が主流である。

　本章では，そのような見地から，交通論を学ぶ上で必要な最低限の価格理論について説明する。より深く学びたい向きは，各自の関心に応じて，マンキュー（2019）などのミクロ経済学の教科書をさらに参照することが望ましい。

1　経済学の目的：資源配分の最適化と所得分配の公平

　われわれの社会においては，さまざまな課題があり，それらの解決が強く求められている。さりながら課題は多岐に渡り，そして解決に必要な資源はしばしば莫大であるため，われわれがそれを負担することは難しい。例えば首都圏における朝ラッシュ時の鉄道の混雑は今なお続いている。これを抜本的に解消することができれば（ラッシュ時でも全員が座って通勤・通学できるようになれば），社会的には望ましいであろう。しかしながらそのためには今の数倍の鉄道インフラが必要になると思われるが，それだけのインフラ拡充に必要な費用は巨額であり，それを誰にどのような形で負担させるにせよ実現は容易ではないであろう。

　個人においても，欲しいものは無数にあるが，その全てを手に入れることは難しい。（感染症などのリスクさえなければ）豪華客船による世界一周の旅は魅力的だが，最高級のもので1,000万円以上という運賃を負担できる人は限られる。また，運賃を負担できる人でも数カ月にも及ぶ航海の時間を確保できなければ乗ることはできない。

　経済学は，このような制約のある状況においてわれわれがどうするのか，どうすべきなのかを探求する学問である。われわれが利用可能な限られた資源（資本・労働・土地……）をどこにどれだけ配分する（allocate）のが最適か，最適な資源配分が達成されるためにはどうすれば良いかが検討される。そして資源配分の最適化をより効率的に達成する上で最も有効なのが「市場（market）」なのだということで経済学者の意見はほぼ一致している。

　しかしながら第5章でも見た通り，市場が常に有効に機能するとは限らない。

その場合，市場の役割を補完するための政策が必要になる。また，市場は資源の効率的な配分を追求する存在として有効であるが，その配分結果が常に妥当であるとは限らない。特に人々に所得を分配する（distribute）見地からは，病気や障碍などのために働けない人の生存を脅かすような結果は容認できないであろう。一方，同じように働いているにもかかわらず得られる所得が人によって大きく異なるという状態も容認しづらい。これらを踏まえた「公平な」所得分配を実現させることが経済政策のもう1つの目的である。

　資源配分の効率性と所得分配の公平性は，しばしばトレードオフ（trade-off）の関係になる。効率性を重視するとしばしば不公平が生ずるし，公平性を重視すると効率性が損なわれる。どこで折り合いをつけるかは一概に決められないが，経済学の大きな課題である。

2　需要曲線と供給曲線

　経済学に基づく分析で最も基本的な概念が需要（demand）と供給（supply）である。市場とはまさにこの需要と供給の出合う場所であり，財・サービスの価格や生産量は市場における需要と供給の均衡として表される。

図8-1　需要曲線

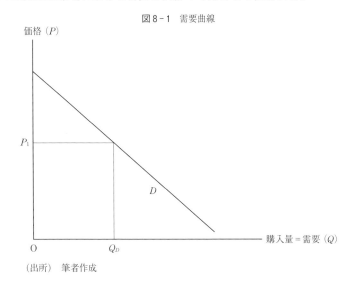

（出所）　筆者作成

消費者は財を購入するとき，まずはその価格——その財を入手するために手放さねばならない価値の大きさ——を考える。図8-1では，財の価格がP_1のとき消費者がこの財をQ_Dだけ購入するという関係が示されている。そして価格が低いほど消費者はより大量に財を購入しようとする一方，価格が高くなると購入量は減少する。一部例外もあるが，ほとんどの財についてそのような関係が見て取れる。これを図示したのが図8-1であり，ここに描かれている価格と購入量＝需要の関係を示した右下がりの線を需要曲線（Demand curve：D）と呼ぶ。

図8-2　供給曲線

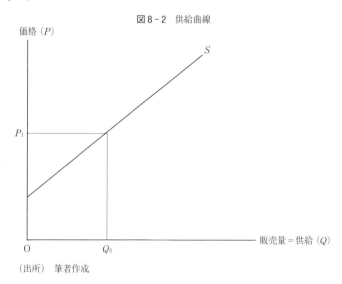

（出所）　筆者作成

　図8-1と同様，図8-2では，財の価格がP_1のとき生産者がこの財をQ_Sだけ生産して販売するという関係が示されている。生産者は消費者と対照的に，価格が高くなるほど財をたくさん生産して売ろうとし，価格が低くなるほど販売量は減少する。図8-2で示される通り，価格と販売量＝供給の間には右上がりの関係が見られ，この線を供給曲線（Supply curve：S）と呼ぶ。

　消費者は価格が低くなることを望み，生産者は逆に高くなることを求める。市場では両者のせめぎ合いが生じるが，最終的には消費者の需要量と生産者の供給量が一致するところで市場価格P^*は決定される。それは図8-3のように，需要曲線と供給曲線の交わる点として示すことができる。

図8-3 市場価格と生産＝消費量の決定

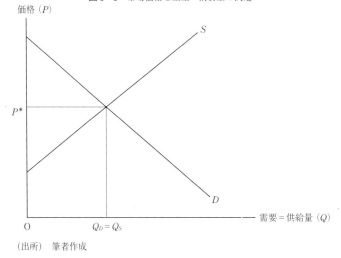

（出所） 筆者作成

3 総費用，固定費用，可変費用

　消費者が財を購入するために対価を支払うのと同様に，生産者も財を生産するためにさまざまな対価を支払う。この対価を経済学では費用と呼ぶ。例えば自動車を生産するためには，部品の購入に要する費用のほか，工場の生産設備に関する費用や，生産に従事する労働者を雇用するための賃金（これも自動車会社にとっては費用である）を支払わねばならない。

　財の生産に要する費用は多岐にわたるが，経済学では費用を大きく固定費用（Fixed Cost：FC）と可変費用（Variable Cost：VC）に分類することが多い。これらを集計した全体の費用を総費用（Total Cost：TC）と呼ぶ。量的には TC＝FC＋VC である。

　費用の大きさは生産量に依存して決まる。しかしその中でも，生産量の変化に応じて激しく変動するものとあまり変動しないものがある。前者が可変費用であり，後者が固定費用である。具体的に何が可変（固定）費用であるかは，生産量の変化を考察する時間の長さによって異なるが，一般的には原料費や人件費などが可変費用であるのに対し，生産設備に関する費用は固定費用とみな

されることが多い。

　交通においては，総費用に占める固定費用の比率が大きいという特徴がある。特に鉄道については，橋を架けトンネルを掘り，線路や架線を敷設し駅を建設し，車両を購入する費用が総費用の大半を占める。

4　限界費用と平均費用

　生産量 q と費用 C の関係を表したものを費用関数と呼ぶ。生産量の変化は費用の変化をもたらすが，このとき生産量の「ごくわずかな」変化によって費用がどの程度変化するのかを表したのが限界費用（marginal cost：MC）である。数学的には費用関数 $C(q)$ を q で微分したものと定義される。すなわち，

$$MC = \frac{dC}{dq}$$

である。

　限界費用はミクロ経済学において，そして次章で説明する通り交通経済学でも極めて重要な概念である。完全競争市場における企業の利潤 π を考える。利潤＝売上－費用であり，完全競争市場のもとでは生産者・消費者とも多数で誰も市場で決まる均衡価格を左右することができない（プライス・テイカー）ため，売上＝均衡価格×生産量となる。このとき，均衡価格を p とすると，利潤 π は

$$\pi = p \cdot q - C(q)$$

で表される。この時，利潤が最大化する点とは，直感的には「生産量が増加するに伴い，直前まで利潤が増加する一方その点を超えると減少に転じるため，その点に限っては利潤が増えも減りもしない」点である。そのような点は数学的には π を q で微分した 1 階の導関数＝0，すなわち

$$\frac{d\pi}{dq} = p - \frac{dC}{dq} = 0$$

とおくことで求められる。この式を整理すると，$p = MC$ となる。すなわち利潤最大化の必要条件は「価格が限界費用に等しい」場合であることが示される。

これに対して，生産量1単位あたりの費用を表したのが平均費用（average cost：AC）である。すなわち，

$$AC = \frac{C(q)}{q}$$

である。会計的には財・サービスの製造原価に相当する。

図8-4　限界費用と平均費用

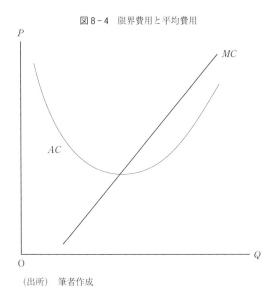

（出所）　筆者作成

限界費用と平均費用の関係を示したのが図8-4である。平均費用曲線はこの図のようなU字型の曲線となる。また限界費用曲線は必ず平均費用曲線の底を通る（ここでは省略するが数学的な証明は可能である）。限界費用が平均費用を下回る領域では企業は赤字を免れないので，そのような領域で企業が生産を行うことはまず実現しない。そして限界費用曲線のうち平均費用曲線を上回る実現可能な部分が，図8-2で見た供給曲線に相当する。

ただし第5章でみた通り，鉄道など固定費用が大きい産業では生産量の増加に伴う平均費用の低下が著しく，実際に想定される生産量の範囲では平均費用

は「右下がり」とみなさざるを得ない場合もある。

5　余剰の概念と支払い意思

　2節では需要曲線を，価格と消費量の関係を示すものとして説明した。それとは別の見方を本節では示したい。

　例えば，コーラという財を各消費者がどの程度欲するかはそれぞれ異なる。砂漠で道に迷い1週間飲まず食わずで，といった特殊な状況下では1本1万円でも買いたい人がいるかもしれない。そこまで極端でなくても，山頂の山小屋の売店や，ホテルの部屋に備え付けの冷蔵庫では1本500円でコーラが売られており，購入する人もいるようである。もちろんその一方で「コーラ1本に100円以上払うつもりはない」人や，「1本10円なら飲んでやってもいいが20円なら飲む気もしない」という人もいるであろう。

　この時，社会の各人を「コーラという財を入手するために支払っても良いと思う金額」＝コーラに対する支払い意思（willingness to pay：WTP）の大きい順に並べることを考える。十分に多くの人がいるならば，これによって需要曲線を描くことが可能である。この見方をすることで，経済政策においてもより深い洞察が導かれる。

　市場において，コーラの価格が1本130円に決まったとする。砂漠の真ん中で（なぜかあった）コーラの自動販売機に1万円を投入しても，9,870円のお釣りが返ってくる。これは1万円のWTPを持っていた人にとってはその分主観的に「得した」ことになる。同様に，500円のWTPを持っていた人は差し引き370円得したことになる。このような，各消費者の得した金額を社会全体で集計したものが消費者余剰（consumer's surplus：CS）である。市場価格が P^* のときに得られる消費者余剰を図で示したものが図8-5である。需要曲線が図8-5のように直線で表される場合，消費者余剰は直角三角形 ABP^* の面積で表される。

　消費者余剰の概念を最初に提示したのは，19世紀のフランスのエンジニアであったデュピュイ（J. Dupuit）（2001）である。この概念はのちにマーシャル（A. Marshall）によって体系化され，経済学の重要な分析ツールとなっていくが，

図8-5　消費者余剰

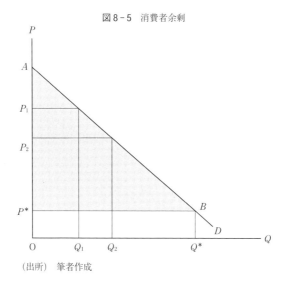

デュピュイがこの概念を考案した直接の動機が，人々のWTPに基づいて橋の通行料金を決定する（「デュピュイの橋」として知られる）ことであった点は，交通経済学を学ぶ者にとって大変興味深いものがあると言えよう。

　生産者の側にも同様に生産者余剰（producer's surplus：PS）を定義することができる。C社やP社のような大手コーラメーカーならば，コーラ1本あたりの製造原価は130円よりはるかに低いであろう。その分これらの企業はコーラを販売することで大きな利益をあげられる。それに対してコーラ1本を生産するのに120円かかる弱小メーカーの場合，コーラを130円で売っても10円しか利益にならないが，わずかではあっても利益を得ていることに変わりはない。各社の利益を社会全体で集計したのが生産者余剰である。供給曲線（＝限界費用曲線）が直線であれば，生産者余剰も消費者余剰と同様に三角形の面積で表される。

　社会全体の余剰（総余剰）は，消費者余剰 $\triangle AEP^*$ と生産者余剰 $\triangle CEP^*$ の面積の和として求められる（図8-6）。総余剰の面積が大きいほど，その状態は経済学的に望ましいと言える。そして経済学は，総余剰が最も大きくなるのが「完全競争市場」の場合であることを証明した（厚生経済学の基本定理）。実際には完全競争市場は実現しないのが常であるが，社会における資源配分を

図8-6　完全競争市場における総余剰

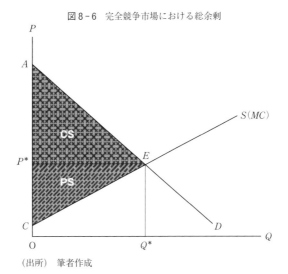

（出所）　筆者作成

考える上での基準としては今なお有効である。

6　独占と価格差別

　完全競争市場が効率的であることを確認する上でも，その対極である独占（monopoly）の場合について検討してみよう。市場で財・サービスを供給する企業が1社しかないならば，その企業は自社の利潤を最大化するように生産量と価格を決定するであろう。この時の独占企業の利潤関数は収入関数を $R(q)$ とすると

$$\pi = R(q) - C(q)$$

となるので，その利潤最大化のための必要条件は

$$MR = MC$$

で表される $[MR = \dfrac{dR}{dq}$：限界収入$]$。

　この時の価格と生産量，そして余剰を示したものが図8-7である。完全競争（$p=MC$）の場合と比べて，生産量は Q^* から Q_M に減少する一方，価格は

116

図8-7 独占市場における価格・生産量と余剰

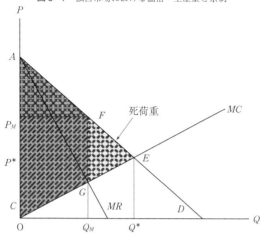

なお，この図のように需要曲線が $P = a - bQ$ $(a > 0, b > 0)$ の形で表される場合，限界収入は $MR = a - 2bQ$ となる。
（出所）筆者作成

P^* から P_M へ上昇している。要は「売り惜しみをして価格をつり上げる」ことで利潤を増やすということである。これによって，消費者余剰は $\triangle AEP^*$ から $\triangle AFP_M$ へと明らかに減少している。

　独占によって独占企業が利潤（生産者余剰）を増やす一方で消費者が割を食う，言い換えれば所得分配が不公平になるということが，独占が通常社会的に望ましくないとされる理由の1つである。しかしながら図8-7からは，独占が望ましくないもう1つの理由を読み取ることができる。消費者余剰と生産者余剰を加えた総余剰が，完全競争の場合と比べて減少しているのである。減少した部分（図8-7では $\triangle EFG$）は，消費者にも生産者にも分配されない「死荷重（dead weight loss）」と呼ばれる。この死荷重の発生，すなわち資源配分における非効率が，独占を望ましくないとするもう1つの理由である。

　ところで，死荷重は誰にも分配されていないのであるから，それを独占企業が一部でも獲得することができれば企業の利潤が増加するのと同時に，（公平性はともかく）資源配分の効率性が改善することになる。この見地から注目すべきこととして，独占企業が自らの利潤最大化のためにしばしば採用する価格

　18世紀後半，イギリスのリバプールとマンチェスターを結ぶ物流の大動脈は
マージー・アーウェル水路と，ブリッジウォーター公爵により1776年３月に開通
したブリッジウォーター運河であった。この運河の開通に伴いマンチェスターと
リバプールがつながったが，当時の運賃はマージー・アーウェル水路が１トンあ
たり12シリングに対し，ブリッジウォーター運河は１トンあたり６シリングで
あった（ちなみに馬や馬車による輸送の運賃は１トンあたり40シリングであっ
た）。これに対して1780年までに，マージー・アーウェル水路とブリッジウォー
ター運河の間で運賃協定が結ばれると運賃は上昇し，例えば穀物は１トンあたり
13シリング，綿花は１トンあたり20シリングになった。この結果，マージー・
アーウェル水路とブリッジウォーター運河は，毎年多額の利益を計上した。

　1830年９月15日開業したリバプール・マンチェスター鉄道は，この独占状態を
打破することも目的にしていた。計画が発表されると，ブリッジウォーター運河
は1823年12月に約25％の料金引き下げを発表し，マージー・アーウェル水路も追
随した。さらに1824年６月にも平均約30％の第２回料金引き下げを発表した
（マージー・アーウェル水路も８月に追随）。200年近く前の出来事だが，競争条
件を反映して料金が決定されることを示す，わかりやすい例である（小松 1984
を参照）。

差別（price discrimination）という行動がある。消費者間での財の転売が難しい，
交通を含めたサービス業全般で採用されている。映画館で学生や高齢者が割引
されることや，早期に予約すると航空運賃が安いというのも価格差別の例であ
る。これらは需要の価格弾力性（第４章を参照）の大きい消費者には低価格で
サービスを供給することで，企業の収入を増加させる狙いがある。理論的には
価格と限界費用の乖離率を需要の価格弾力性の逆数（ラーナーの独占度）に等し
くなるように設定する（そのように設定された価格を差別価格と呼ぶ）ことで，独
占企業は利潤を最大化できる。他方消費者にとっては，一部の消費者がより低
価格で購入可能であるという利点はあるが，消費者全体では差別価格が設定さ
れることによって消費者余剰がさらに減少する場合が多い。

　その究極として，全ての消費者に各自の WTP に等しい価格を提示して販売
する完全価格差別という価格体系がある。この時消費者余剰＝０となるので，

消費者にとっては不公平極まりない価格体系である。しかしながら，死荷重も
0となるので，効率性の面では完全競争市場に匹敵する。このような価格体系
はこれまで，消費者のWTPを収集しそれに基づいて実際に価格設定すること
の煩雑さを理由に非現実的とされてきたが，インターネットとAIの普及に伴
いその障壁は急速に低くなっている。旅行業界などにおける「ダイナミックプ
ライシング」など，それに近い価格設定も始まっている。

練習問題

1．価格差別の中には，本文中で挙げたもののほか，サービスの提供時間によって価
格が変化するものがある。そのような例を挙げて，なぜそのような価格設定を行う
のか考察しなさい。

2．ある橋について，その橋を渡ることに対する需要曲線が$p=400-5f$，渡るサー
ビスを供給するための限界費用（MC）が$MC=3f+80$であるとする（p：価格，
f：通行量）。このとき以下の問いに答えなさい。

　①　需要と供給が均衡するとき，fの値を求めなさい。

　②　①のときの消費者余剰の大きさを求めなさい。

　③　②で求めた消費者余剰を全て橋の通行料金として徴収するとした場合，どの
ような困難が考えられるであろうか，あなたの考えを具体的に述べなさい。

参考文献

小松芳喬（1984）『鉄道の生誕とイギリスの経済』清明会

デュピュイ，J.　栗田啓子訳（2001）『公共事業と経済学』日本経済評論社

マンキュー，N.G.　足立英之他訳（2019）『マンキュー経済学Ⅰミクロ編』〔第4版〕
　　東洋経済新報社

第❾章

価格理論からみた運賃

キーワード

上限価格規制　限界費用価格形成　次善（second best）の運賃　ラムゼイ運賃

（出所）　北大阪急行電鉄提供

北大阪急行電鉄開通の記念列車：1970年の大阪万博の観客輸送のために建設された北大阪急行電鉄は，その後関西私鉄の中では極めて安い運賃を維持することができた。

本章では価格理論を用いて運賃を分析する。そこで問われるのは，経済学的に効率的な資源配分と社会的に公平な所得分配の間の関係である。社会的公平を期すために導入された制度が効率性を損なう場合がある一方，効率的な資源配分が社会的には不公平であるとして容認されないこともある。後者のような問題は，第5章で説明した「市場の失敗」とは異なる（市場が失敗することは資源配分の効率性が損なわれることである）という点は注意せねばならないが，交通の分野においてはいずれも他の分野と比較してひんぱんに見られるものであり，運賃設定に際してはより慎重に検討されるべき点である。

1　上限価格規制

　市場メカニズムによって決定される価格水準が，何らかの社会的基準において「高すぎる」と判断される場合，その基準に照らして妥当な水準に価格を抑制するよう規制がなされる。コメなどの食品や住宅の家賃などでしばしば見られる（例えば，マンキュー 2019を参照）が，交通においても，鉄道運賃やガソリン価格などにおいて，低所得者対策や物価の安定などを大義名分として価格の上限を設定しそれ以上の価格を認めないという政策が採用されることがある。
　このような政策は市場にどのような影響をもたらすであろうか。前章で導入した余剰概念を用いて説明したのが図9－1である。市場において，需要と供給の均衡として決定される価格 P^* より低い水準 P_{min} に価格を引き下げた場合，消費者は消費量を Q_{max} まで増やそうとする。それが実現できれば消費者余剰は増加する（$\triangle AP^*E \Rightarrow \triangle AP_{min}G$）が，他方で生産者はそのような価格水準では生産量を減らすため，その水準で消費することができる財・サービスの量は Q_{min} まで減少してしまう。そのため，消費者余剰の増加はより限定的にならざるを得ない。その場合，死荷重が発生するため総余剰は引き下げ前より減少する（$\triangle ACE \Rightarrow \square ABFC$）。前章で見た独占の場合と比べると，消費者余剰と生産者余剰の大小関係は入れ替わるものの，総余剰が減少することには変わりがない。
　総余剰を減少させないためには，価格引き下げ後に生産量が減らないようにすることが求められる。コメなどでは，低価格の輸入米によって国内生産の減

図9-1　上限価格規制と余剰の損失

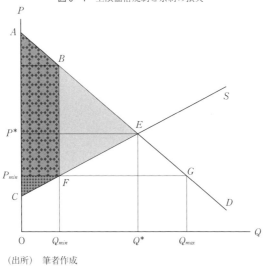

（出所）　筆者作成

少を補うことが考えられる。[1]しかし例えば鉄道では，低価格の新規参入者の参入は容易なものではなかった。結果としては，低価格であるがゆえに増加した利用者に対して，首都圏などの都市部では鉄道事業者による輸送力増強が十分ではないためラッシュ時などの混雑が常態化した。サービスが利用できない利用者こそ少なかったが，劣悪な車内環境というサービス水準の低下を甘受せざるを得なかった。それ以外の地方では，低価格な鉄道への需要はあるものの，運転本数が少ない（低価格であるがゆえに運転本数を増やすことができない）ため利用者の多くは鉄道を利用することを諦め利用者は減少した。鉄道利用を諦めた利用者は自家用車に流れたものと考えられる。かくしてこの場合には図9-1で示したのと同様，一部の利用者のみが低運賃を享受するものの生産者余剰は小さく，総余剰は減少するという結果に終わっている。

2　費用逓減下における限界費用価格と平均費用価格

前章で示した通り，完全競争市場においては $p=MC$，すなわち価格が限界費用に等しくなる点が均衡であり，かつ最も望ましい資源配分を実現する条件

123

であった。しかし残念ながら，現実の市場が完全競争市場になることはほとんどない。完全競争市場とどのような点で異なるのかは市場によって異なる。交通の場合，第5章で説明した通り平均費用が右下がりの「費用逓減」の状態を前提とすることが多い。

図9-2　限界費用価格形成

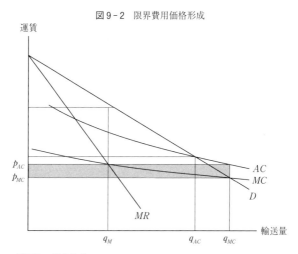

（出所）　筆者作成

　ではそのような「費用逓減」の状態ではどのような価格設定が最も望ましい資源配分をもたらすであろうか。実はこの場合でも，$p=MC$ という価格設定が最も望ましいことが知られている。このとき，そのように設定される価格を限界費用価格と呼び，$p=MC$ となるように価格を設定することを限界費用価格形成（marginal cost pricing）という。

　限界費用価格形成が他の価格設定より望ましいことを示したのが図9-2である。比較対象として $p=AC$ となる平均費用価格を考える。費用逓減の状態では，常に $AC>MC$ が成り立つ。したがって消費者余剰は限界費用価格の方が常に大きくなる。そして価格が低くなる分生産量は大きくなり，企業の収入＝生産者余剰の差はそれほど目立つものではない。

　ただしこのとき，限界費用価格のもとではまさに $AC>MC$ である——価格が製造原価を償わない——ため，生産者には赤字が発生する（図9-2のグレー部分）。この赤字を補填してもなお総余剰は限界費用価格の方が大きくなる（図

─── コラム▶▶大阪万博と北大阪急行電鉄 ───

　江坂〜千里中央間5.9kmを運行する北大阪急行電鉄（北急）は，江坂から大阪メトロ御堂筋線に直通することもあり，今日では千里ニュータウンから大阪都心部への通勤通学路線として利用されている。他方でこの路線は1970年の開業で，この年大阪で開催された万国博覧会（大阪万博）会場への観客輸送が当初の目的であった。御堂筋線は新大阪駅も経由するため，北急には大阪市内からに加えて東京方面から新幹線でやってくる観客の輸送も期待されていた。大阪万博の入場者数は最終的に6,000万人に達し，その大半が北急を利用した。

　北急の建設に際しては，当初から観客輸送のための中心的な交通手段であることを鑑み，大阪万博関連の予算が充当された。そのため，開業後の北急は鉄道建設費用を負担する必要がなく，初期投資はほぼ可変費用相当分のみの負担で済んだ形となり，その分限界費用価格に近い低運賃での営業が可能になった。現在では開業時に比べると値上げされているが，それでも江坂〜千里中央間の運賃は2023年4月現在140円であり，同一距離で大阪メトロが240円，阪急電鉄が200円，東急電鉄でも180円であるのに対して低い水準を維持していると言えよう[*]。

　[*]北急は2024年春に千里中央〜箕面萱野間2.5kmの延伸が予定されている。延伸区間については北急も建設費用を一部負担するため，延伸区間内ならびに延伸区間にまたがって利用する場合には60円の加算運賃を徴収することとなった。

9-2を用いて確認されたい）ため，限界費用価格形成が他より望ましいという結論はそのまま理論的には維持される。とはいうものの，恒常的に赤字が続く企業を容認することは現実的ではなく，それゆえに限界費用価格形成は最善（first best）であるとしても実現は困難である。それに対して平均費用価格は企業の収支を必ず償うので，第10章でみるように現実の運賃設定においてもしばしば採用される。

　限界費用価格形成は現実の価格設定においては現実的でないと述べたが，さりとて全く無意味ではない。理論的には価格設定の効率性を判定するためのベンチマークとしての意義がある。さらに現実の運賃設定においても，費用逓減の度合いが小さい場合には限界費用価格形成と近似した運賃水準が達成可能になることがある。費用逓減をもたらす要因である巨大な固定費用を要しない企業の場合，平均費用の大半は平均可変費用であり，限界費用との差は大きくな

いためである。

3 「次善の価格」としてのラムゼイ価格

　限界費用価格形成は最善ではあるものの企業の収支均衡を保証しないということから，それに次ぐ望ましい価格設定，すなわち次善（second best）の価格が模索されるようになった。具体的には，収支均衡制約を満たすもののその制約の中では資源配分を最も効率的に行う価格設定である。そのような価格設定として最もよく知られているのがラムゼイ価格形成（Ramsey pricing）に他ならない。

　財政学者であったラムゼイ（F. P. Ramsey）によって考案されたこの価格設定は，もともとは需要の価格弾力性（第4章を参照）の異なる財に対して物品税をどの程度の税率で課税すれば資源配分の歪みを最小にした状態で目標とする税収を得られるかを明らかにしたものである。ラムゼイによると，任意の2財について課税後の消費量の比率が課税前の（＝最適な）消費量の比率に等しくなるように課税するのが最適である。この議論を応用して，収支均衡制約のもとで需要の価格弾力性が異なる財・サービスの価格をどのように設定するかという問題を解くことができる。[2] 単純化のため2財の場合を示したのが図9-3である。

　ある企業が，需要の価格弾力性の異なる2つの市場A・Bに直面しているものとする。単純化のため，企業の限界費用の水準はどちらの市場とも等しい（$MC_1 = MC_2$）ものとする。この水準で価格を設定する（限界費用価格形成）場合に生じる赤字を2つの市場にどのように配分するか，すなわちそれぞれの市場に設定する価格は限界費用の水準に対してどの程度上乗せされるかがここでの問題である。

　弾力性の大きい市場では値上げによって失われる需要が大きく，その分収入も減少する。したがって，弾力性の大きな市場A（需要曲線 D_1 の傾きがBにおける D_2 より緩やか）では値上げを極力抑え，その分弾力性の小さな市場Bで値上げして収入を維持するのが合理的である。このことを限界費用価格との関連で述べると，市場Aでは限界費用価格との乖離が小さいのに対して，市場Bでは

図9-3　ラムゼイ価格形成

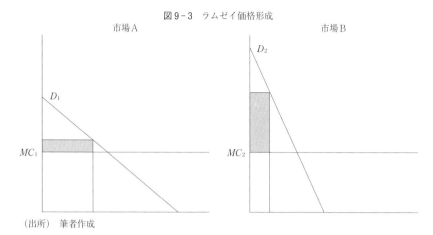

（出所）　筆者作成

乖離が大きくなることになる。そしてその乖離の大きさは，価格と限界費用の差を価格で割った商と需要の価格弾力性の積が一定になるという条件を満たす。この一定値は，企業の収支が均衡する水準で決定される。

　このような関係をより一般化して表してみよう。i 財の価格を p_i，限界費用を MC_i，そして需要の価格弾力性を ε_i とすると上で述べた関係は次の式のように表される。

$$\frac{p_i - MC_i}{p_i} = K \frac{1}{\varepsilon_i}$$

このとき，K は企業の収支を均衡させるためのラムゼイ・ナンバーと呼ばれる定数で，その値の範囲は $0 \leqq K \leqq 1$ である。$K=0$ のとき，上の式は $p=MC$，すなわち限界費用価格形成を表している。K の値にもよるが，この式から弾力性が大きくなる（すなわち，上の式の右辺の値が小さくなる）ほど価格と限界費用の乖離が小さくなる一方，弾力性が小さくなるほど乖離が大きくなることが読み取れる。

　ラムゼイ価格は合理的に設定された次善の価格であり，収支均衡が比較的容易に実現できることもあり，交通を含めて様々な分野で採用が提案される。しかしながらそこで提示される価格が社会的に受け入れられない場合も多く，実施に至ることは特に我が国では多くない。

── コラム ▶▶航空運賃の南北格差 ──

　1980年代前半において，東京から南（九州方面）に向かう路線と北（北海道方面）に向かう路線とで，1 kmあたりの航空運賃率が異なっていることが問題となった。北に向かう路線の方が南に向かう路線より高い運賃率となっており，指摘を受けて航空会社は運賃の是正（北に向かう路線の運賃率の引き下げ）を余儀なくされた。

　振り返って考えると，このような運賃設定はラムゼイ価格の見地からみてむしろ合理的なものであったと思われる。当時東京から九州に行く場合には，福岡（博多）まで新幹線が開業しており，国鉄がかろうじて航空に対する競争相手になるのに対して，北海道に行く場合，新幹線もなく途中に青函連絡船も含まれる国鉄はほぼ論外であり，この頃にはすでに選択肢は航空しかない*と言ってよかった。したがって，九州方面の方が北海道方面より航空サービスに対する需要の価格弾力性は相対的に大きいと判断できる。であれば，航空会社の収支均衡を考えると九州方面の運賃を安く設定することは理にかなっている。

　しかしながら，当時の北海道では官民あげてこの「不公平」に怒り，それが運賃率の引き下げにつながったのである。航空サービスを維持する上でその収支均衡は大前提であるが，それを保証するラムゼイ運賃の合理性が顧みられることはなかった。本章で説明したラムゼイ価格導入に際する課題をまさに浮き彫りにした事例であったといえよう。

　*ちなみに，1982年当時国鉄を利用すると東京～博多間は乗り換えなしで所要時間は約6時間であったのに対し，東京～札幌間は途中大宮・盛岡・青森・函館で乗り換えが必要であることに加え，所要時間は約13時間であった。

　その理由を知るには，まずこの式で$K=1$のときを考えることがわかりやすいであろう。$K=1$のときこの式は，第8章で言及した独占企業の「差別価格」の式に他ならない。消費者にとっては，それぞれの市場におけるKの値を正確に知ることは困難である。それゆえに消費者は各市場の価格の高低から判断して，必需的な（＝需要の価格弾力性が小さい）財・サービスの価格が高くなる一方，必需性に乏しい（＝弾力性が大きい）財・サービスの価格が低くなっているということから，そこに不公平な「差別」があると判断しこの提案に反対すると思われる。

　もとより独占企業の差別価格は当該企業のみの利潤最大化を意図したもので

あるのに対して，ラムゼイ価格は収支均衡制約のもと社会の効率的な資源配分を追求するものであり，価格設定を通じて目指すものは大きく異なる。しかし両者がよく似た価格設定を行うものであることもまた事実であり，それゆえにラムゼイ価格の導入に際しては，差別価格との違いをより丁寧に説明することが求められよう。

　次善の価格設定としてラムゼイ価格と並んで取り上げられる価格設定の手法としては，他に「二部料金」が挙げられる。この手法については運賃体系にも関わるため次章で説明する。

注
(1)　もちろん，そのような政策を実現することは容易ではなかった。我が国におけるコメの場合，輸入に反対する国内生産者を説得することが政治的に難しかったのみならず，消費者の側も安全性や味の面で輸入米を歓迎しなかった。
(2)　この点についての詳細は，山内・竹内（2002）pp. 234-241を参照のこと。

練習問題
1．JR が幹線とローカル線（地方交通線）で異なる運賃表を採用していることは，ラムゼイ運賃の見地から正当化できるであろうか，あなたの考えを述べなさい。
2．沿線の輸送市場で独占的な地位を占めるある鉄道事業者を考える。この事業者が直面する需要関数が，$p=400-4x$（p：運賃，x：輸送量），限界費用$MC=40+4x$であるとする。このとき次の各問に答えなさい。
　①　この事業者が独占企業として振る舞うとき，運賃と輸送量を求めなさい。
　②　この事業者に限界費用価格形成を採用させた場合の運賃と輸送量を求め，このときの総余剰が，①の場合より大きくなることを示しなさい。
　③　実際にはこの企業に限界費用価格形成を採用させた場合，輸送量1単位あたり50の赤字が発生した。このときの平均費用ならびに総費用の大きさを求めなさい。

参考文献
マンキュー，N.G.　足立英之他訳（2019）『マンキュー経済学Ⅰミクロ編』〔第4版〕東洋経済新報社
山内弘隆・竹内健蔵（2002）『交通経済学』有斐閣

第10章

運賃の実際の設定方法

キーワード

総括原価主義　公正報酬率規制　ヤードスティック競争　プライス
キャップ規制　二部料金

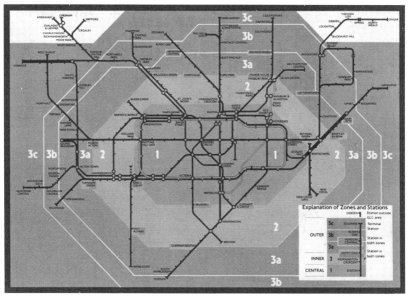

ロンドントランスポート時代のゾーン運賃制度の図（1984年当時）：都心から順に1.
2. 3……というゾーンを設定し，利用者にはわかりやすい運賃制度となっている。

本章では「経済学以前」の議論から始まる，運賃が実際にどのように決定されてきたかに焦点を当て，現在の主流である運賃決定としての「総括原価主義」とその問題点を明らかにする。その上で今日運賃・料金についてどのような提案がなされているかまで展望したい。

1　経済学以前の運賃論：運送価値説と運送費用説

　前章で取り上げた限界費用価格形成やラムゼイ価格は，経済学の視点から望ましいと考えられる運賃設定である。これらの理論が確立するのが20世紀半ばであるが，いうまでもなく交通という営みはそれ以前から存在した。したがって，交通サービスの価格としての運賃をどのように決定するべきか，という議論も，経済学がそれを取り上げる以前から存在している。

　なお，本章では運賃（fare）と料金（charge）をほぼ同様の論理で説明していく。この2つの語は，対象となる領域が違う——交通サービスの価格を運賃と呼ぶ一方，それ以外の公益事業（電力・水道・通信など）の価格を料金と呼ぶ——だけで，理論的には共通する部分が多いと考えるからである。ただし鉄道においては，最も基本的なサービスである「乗車券」の価格を運賃とする一方，特急券などについては「料金」と呼ぶことが一般的である。

　船舶や鉄道の運賃をどのように設定するかについて，経済学以前ではもっぱら「運送価値説」と「運送費用説」がそれぞれ相対するものとして論じられてきた。利用者が交通サービスに対して負担可能な水準に基づいて運賃を決めるべきとするのが運送価値説である。第8章で触れた「デュピュイの橋」がその一例であると言えよう。この考え方のもとで設定される運賃は，利用者の「負担力」に基づくものとして負担力運賃と呼ばれる。それに対して交通サービスを提供する際に生じる費用に基づいて運賃を決めるべきとするのが運送費用説であり，この考え方のもとで設定される運賃を費用運賃と呼ぶ。

　この議論は財の価格をその需要と供給のどちらに基づいて決めるかということであり，経済学的な視点ではやや奇妙な論争に感じられる。財の価格は需要と供給の両方に基づいて決定されるはずだからである。このような議論がなされていた背景として，交通事業者（特に陸上交通における鉄道）が独占的な地位

を有していたことが指摘される。独占であるからこそ、利用者は負担力（経済学でいう支払意思額）ギリギリの金額を提示されても利用せざるを得ず、交通事業者も新技術を持った新規参入者に怯えることなく費用を利用者に転嫁できる。これらの議論が経済学の導入後前面に出なくなったのは、経済学の発展という理論的な側面のみならず、交通市場が独占から競争的な市場へと変わっていったことが背景にある。

しかしながら、運賃をめぐる経済学以前のこの議論は、今でもわれわれが運賃理論や制度を評価する際のベンチマークとしては有用である。すでに見た通り交通には今なお独占的な部分があり、それにどう対応するかを考えることが求められるからである。

2　総括原価方式（積み上げ方式、レート・ベース方式）

今日の我が国の運賃制度の基本をなしているのが総括原価方式である。ここで総括原価とは、事業者の原価に「適正利潤」を加えたものとして定義される。私企業が利潤を得られない状態で事業を永続させることは不可能であることを考えると、適正利潤もまた費用の一部であると言える[1]。

総収入＝総括原価、となるように運賃水準を決定すべきであるという考え方が総括原価主義である。この考え方は前節で取り上げた「費用運賃」の一種であると見なすことができよう。総括原価主義に基づく運賃決定方式としては積み上げ方式とレート・ベース方式の2つがよく知られている。前者は中小私鉄やバス事業者に対して、後者はJRや大手私鉄などの運賃決定に用いられている。

積み上げ方式では、総括原価 T は設備投資などに充当される資本費 K、人件費をはじめ日常の事業運営に充当される営業費 E、そして企業が享受する適正利潤を R とすると次のように計算される：

$$T = K + E + R$$

発生した費用をそのまま足し合わせる＝積み上げることからこのように呼ばれる。中小私鉄などでは経理部門の人員も乏しくならざるを得ず、このような単

純な方式が採用されている。

　他方で，費用をそのまま総括原価として認めるこの方式では，企業側に費用を削減させるインセンティブがないという問題がある。特にこの方式の場合，1件あたりの費用が巨額になる資本費より，日々の少額の領収書の総計となる営業費の節約が難しい。また営業費には人件費も含まれるが，規制などによって外生的に運賃水準を低下させようとする場合，この方式のもとでは人件費が抑制されず新規の投資を先送りするという判断に傾きやすい。

　そのため，企業の投資意欲を喚起しうる方式として，JR ならびに大手私鉄，あるいは航空運賃などで使用されているのがレート・ベース方式である。この方式のもとでは総括原価 T は

$$T=E+(V-D)\cdot r$$

で表される。このとき，E：営業費，V：使用資産額，D：使用資産減価償却累積額，r：公正報酬率，である。そして $(V-D)$ の部分をレート・ベース（rate base）と呼び，この大きさに応じて利潤が生じることとなる。したがって，企業は常にレート・ベースを増大させるインセンティブを持つため，積み上げ方式と比べて投資を増やすことが期待される。

　しかしながら，それは企業がレート・ベースを増大させるために社会的には非効率的な行動をとるインセンティブを有することと表裏一体である。その代表的なものとして知られているのがアヴァーチ・ジョンソン効果（Averch = Johnson effect）である。これは，資本と労働の代替を考慮すると，この方式では資本に資源を振り向ける方が得られる利益が大きくなるため，過度に資本集約的な投資を行ってしまうという指摘である。[2]

　他方実務的には，レート・ベース算出に用いる V の値として，その資本を入手したときに要した価格（取得原価）とその資本を今入手するために必要になる価格（再取得原価）のどちらを用いるかという問題がある。この点は企業と規制当局の間での訴訟においても議論がなされてきたが結論は出ていない。物価上昇局面では高い運賃を求める企業側が再取得原価を主張する一方，運賃を抑えたい規制当局は取得原価を主張する。ところが物価が下落する局面では両者の主張は入れ替わり，企業が取得原価を，当局が再取得原価を主張するの

である。このためレート・ベース算出の根拠は確定せず，実施に際し恣意的になる部分が残る。

　ところで，ここで説明した「レート・ベース方式」は，運賃をいかに決定するかを論じたものであった。見方を変えるとこの式は，企業の総括原価の大きさを当局が決定する公正報酬率rの値によって操作することで運賃を規制する方式と解釈することもできる。そのような規制の方式を公正報酬率規制と呼ぶ。当局がrの値を決定するためには企業の資産の状況をはじめその費用構造を知らねばならないが，多くの場合企業と当局の間に情報の非対称性が存在するため大きな困難がある。

　この問題を解決する，すなわち当局が企業の費用構造などについて詳細な情報を知らなくても（あるいは情報を得るために多大なコストを負担しなくても）規制が行えるようにするためのアイディアとして提案されたのがインセンティブ規制と呼ばれるものであり，具体的には次節と次々節でそれぞれ述べるヤードスティック競争とプライスキャップ規制がよく知られている。

3　ヤードスティック競争（標準原価方式）

　交通事業者は地域独占の傾向が強いが，事業者間の費用構造は互いに似ている場合が多い。この点に着目した規制方式がヤードスティック競争である。規制当局が設定した標準原価を共通の尺度（yardstick）として，各事業者がその尺度をどれだけ下回るかを巡って疑似的な競争を展開する。その結果優れた成績を上げた事業者にはボーナス，その逆の場合にはペナルティを課す方式である。

　この方式もまた，交通事業者を含む企業に投資を促すことを意図している。例えば伊藤（1994）は，全国1（公）社で運営された電気通信事業者と9社（のちに10社）に地域分割された電力事業者を比較し，後者の方がインフラの整備が早く進んだと指摘している。このケースでは電力事業者に「ボーナス」が与えられたわけではないが，事業者間の擬似的競争が投資を促す効果をもたらした例として注目される。

　我が国の交通・公益事業においては，以前から地域独占の事業者間において

　投資を促すために事業者へ「ボーナス」が与えられた例として挙げられるのが，1986年に制定された特特法である。この法律では，鉄道事業者が混雑緩和のための大規模投資を行う際に，そのための費用をあらかじめ運賃に上乗せすることを認めるものであり，首都圏の大手私鉄のうち5社がこの適用を申請し運賃値上げが認められた（**表10-1**）。

表10-1　特特法の適用を申請した事業者と申請内容

事業者名	東武	西武		京王		小田急	東急	
線区	伊勢崎線	池袋線	有楽町線	京王線	井の頭線	小田原線	東横線	目蒲線
	北千住〜北越谷	桜台(新桜台)〜石神井公園		全線(高尾線含む)	全線	新宿〜和泉多摩川	渋谷〜日吉	目黒〜多摩川園
工事名	竹ノ塚〜北越谷間複々線化工事および北千住駅改良工事	桜台(新桜台)〜石神井公園間複々線化工事		長編成化工事	車両大型化工事	東北沢〜和泉多摩川間複々線化工事	目蒲線目黒〜多摩川園間改良工事および東横線多摩川園〜日吉間複々線化工事	
該当キロ(km)	18.9	10.6	1.4	46.5	12.7	14.4	13.6	7.5
認定工事費(億円)	840	925		303	329	2,563	2,108	
積立割合(%)	3	6		6		6	9	
運賃改定率(%)	12.9	8.5		6.0		12.4	9.8	
加算設定期間	1988.5〜1997.12	1988.5〜1997.12	1988.5〜1997.12	—	—	1988.5〜1997.12	1988.5〜1997.12	1988.5〜1997.12
特別加算額(円)	10	10	10	—	—	10	10	10

（出所）　国土交通省「〈第7回 都市鉄道における利用者ニーズの高度化等に対応した施設整備促進に関する検討会〉遅延・混雑対策に係る整備スキームについて」

　このうち東武鉄道・小田急電鉄は，今日に至るまでに複々線化工事をほぼ完了させ，東急電鉄は東横線の利用者を目黒線に誘導するなどの路線改良工事を行った。他方投資内容を車両大型化・長編成化に留めた京王電鉄は，投資財源としての運賃値上げが不要になったとして，1997年に運賃値下げを実施した。

　2023年には，多くの主要鉄道事業者が運賃の値上げを実施した。その理由として各社が挙げたのがホームドアの設置などのバリアフリー対応である。これも特特法と同様の論理であるが，値上げによって得られた収益でバリアフリー対応がどこまで進むかについては，今後注視していく必要があろう。

ヤードスティック「的な」競争がなされてきた。しかしながらその競争の基準は必ずしも明確ではなく，ともすると恣意的な運用がなされる懸念があった。その疑念を払拭するため1997年に現行のヤードスティック競争の制度が導入さ

れた。交通では JR 旅客 6 社，（東京地下鉄を除く）大手私鉄15社，（東京地下鉄を含む）地下鉄事業者10社局にそれぞれ適用されている。[(3)]

　ところで，ヤードスティック競争が有効に機能するためには，参加する企業間の費用構造がほぼ同一であること，企業間の談合が行われないこと，そしてペナルティを受けた事業者が次期以降経営を改善させることが可能であること，などの条件が必要である。我が国の鉄道事業者において以上の条件が妥当するか否かについては，より慎重に検討する必要があろう。例えば大手私鉄間の費用構造をとってみても，通勤通学輸送主体の東急電鉄や阪神電気鉄道と，都市間輸送や観光客輸送の比重も相対的に大きい東武鉄道や近畿日本鉄道とでは大きく異なることが予想される。事業者間の経営成績の差がそのような不可避的な費用構造の差に起因する場合，ペナルティを受けた事業者がかえって改善意欲を喪失し「万年劣等生」となってしまう恐れもある。

4　プライスキャップ規制

　もう 1 つのインセンティブ規制として知られているプライスキャップ規制は，運賃（料金）上昇率を「物価上昇率－X」以下に抑える形で規定する方式である。この規制は，1984年にイギリスで電気通信産業の規制方式として最初に導入された。プライスキャップ規制が定めるのはあくまで運賃上昇率の上限であり，それ以下であれば企業は自由に運賃設定ができる。ここでXは，企業が直面する生産性向上率に相当する。また実際の価格決定の際に用いられる「物価上昇率」としては，小売物価指数（RPI）などが用いられる。

　プライスキャップ規制では，技術革新など企業の生産性の向上によって費用を削減できれば，企業はその分利潤＝売上高－費用を増加させることができる。平均的な生産性の向上を「－X」という形であらかじめ織り込んでおけば，企業にさらなる生産性向上のインセンティブを与えることができる。また利用者の側からは価格競争の余地を与えることで，企業がシェア拡大を目指して価格を引き下げるインセンティブを持つことになる点も期待された。

　また総括原価方式では，規制当局は企業の「総括原価」を正確に知らなければ有効な規制を行うことができない。プライスキャップ規制は，規制に際して

企業から費用データを提出させる必要もなく，理論的には入手の容易な物価指数などの外生的なデータのみによって規制が可能である。そのため規制の費用を大幅に低下させる特長がある。あわせて，企業は虚偽の申告をしても利潤の増加につながらないため，より公平かつ公正な運賃設定が可能になると見込まれた。

プライスキャップ規制が実際に行われた例としては，1987年からイギリス空港公社に対する空港利用料金の一部，そして1996年からのイギリス国鉄の民営化後の運賃の一部などが挙げられる。我が国において完全な形で適用された例としては，2000年の制度変更に伴い，NTT東日本・西日本の料金規制に導入されている（浅井 2011）。他方，交通の分野ではほとんど見られない。鉄道運賃の認可においてその上限のみを認可対象とする「上限認可制」や，航空運賃において1996〜2000年の間導入された「幅運賃制度」がプライスキャップ規制と類似したものとして指摘されるが，前者は輸送の「原価」を考慮しない点が，後者は運賃の下限が規制されていること，物価上昇率が考慮されていない点などが異なる。

プライスキャップ規制は，インセンティブ規制の代表例として高く評価されてきたが，いくつかの問題点も指摘されている。まず，企業間の費用構造に大きな差が生じない場合，各社の運賃が「上限」に張り付き，価格競争が生じないどころか，物価上昇を理由に安易な値上げが容認される恐れがある。また，企業は費用削減に直結する投資にインセンティブを持つ一方，安全性向上や混雑緩和など，費用削減につながらない投資に対しては消極的になりがちであり，長期的にはサービスの質が低下する恐れがある。

規制費用の節約という点についても問題が指摘されている。企業の生産性に関連するXの大きさを，当初の想定では外生的に与えてよいものとしていたが，規制される企業にとってその値は死活問題であり，安易な決定を許さず，自らの置かれた状況に応じてXの値を常に調整することを要求する。しかしひとたびそれに応じてしまうと，当局は結局企業の「原価」を知らねばならなくなり，規制の費用は結局総括原価方式と大差ないものになる。しかもその場合にはXの変更が頻繁に行われるので，規制としてはむしろ複雑なものになる場合もある。

5　運賃水準と運賃体系

　ここまでは運賃について，他の財・サービスの価格との関連で見た大きさについて論じてきた。そのような議論を運賃水準論という。それに対して，ある事業者が提供する交通サービスの価格＝運賃が，距離帯や路線・地域，あるいは利用者の属性などによってどう変化するかも重要な問題である。そのような議論を運賃体系論と呼ぶ。

　交通運賃のほとんどは輸送（乗車）距離が長くなるほど運賃が上昇する[4]。そして短距離区間では運賃率が高く，輸送距離が長くなるほど運賃率が低くなる遠距離逓減運賃を JR では採用している（**表10-2**）。

　その他の運賃体系の例としては，ヨーロッパの都市交通においてしばしば用いられるゾーン運賃制度がある。ゾーン内の運賃を均一にし，ゾーンを越えるごとに運賃が上昇するという方式が多い。距離に基づいて運賃を決定するのに比べて運賃計算が簡単であるという利点がある一方，ゾーンの境界をまたぐ近距離の運賃が割高になるという欠点がある。

表10-2　JRの運賃

営業キロ(km)	運賃(円)	1 kmあたりの運賃
10	200	20
100	1,690	16.9
1,000	12,540	12.54

注：2023年現在：本州3社・「幹線」の場合
（出所）　『JTB時刻表』より筆者作成

6　二部料金

　運賃・料金体系を加味した制度として二部料金（two-part tariff）が挙げられる。例えば電気料金においては，使用する量に関わらず一定の料金が基本料金としてあり，その上で使用量に応じた従量料金を利用者は負担する。基本料金部分で固定費用を回収することができれば，従量料金は限界費用価格でよく，その意味でこれは前章で取り上げたラムゼイ運賃と並ぶ次善の料金制度と見ることができる。

　この制度の特徴としては，基本料金の水準によっては一部の利用者を排除す

　遠距離逓減の度合いは事業者の置かれた経営環境によってしばしば異なる。例えば富山地方鉄道（地鉄）の運賃は，起点の電鉄富山から13.3kmの上市駅までで610円であるのに対し，同じく20.6kmの中滑川では620円，30.2kmの新魚津駅まででも780円に過ぎない。上市までは利用可能な路線が地鉄のみであるため地鉄を利用する利用者が多いが，中滑川以遠ではJR北陸本線が転換したあいの風とやま鉄道（あい鉄）と競合する（図10−1）。

図10−1　富山地方鉄道とあいの風とやま鉄道

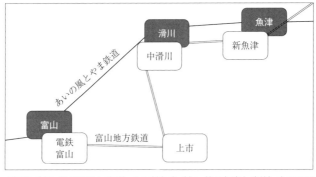

中滑川（あい鉄の滑川と連絡）から新魚津（あい鉄の魚津と連絡）までは両路線がほぼ並行して走っている。
（出所）　筆者作成

　あい鉄の富山〜滑川間の運賃が390円，同じく富山〜魚津間の運賃は600円と地鉄より大幅に安い（2023年4月現在）。それでも，富山〜上市間のようなあい鉄と競合しない区間では割高な運賃を設定する一方，競合する区間では可能な限り運賃を抑え利用者の逸走を防ごうとしていることがこの地鉄の運賃体系から見て取れる。

ることになることがある。電力のような必需性の高いサービスの場合，低所得者が基本料金を含む電気料金を払えないために電気を利用できないことは極めて深刻な問題である。他方，ゴルフ場の会員権価格とプレー料金の関係も二部料金の一種と言えるが，この場合にはむしろ，会員権を購入できない利用者を排除できることがメリットとして認識できる。[5]

　利用者の排除を避ける方法として，利用量に応じていくつかの「料金プラン」を作成し，利用者が自分に最も適切なものを選ぶ自己選択的（self-selective）二部料金が提案されている。スマートフォンの料金などがまさにこれであり，これによって利用量の少ない（低所得の）利用者もサービスを利用できる。ただし料金プランが非常に複雑になるため，どのプランが自分にとって妥当かかえってわかりづらくなる弊害が指摘される。

　ところで，交通の領域における二部料金の適用例としてはどのようなものがあるであろうか。交通の場合，電力や通信に比べて「基本料金」を徴収することが困難であったため，これまで適用された事例は多くない。JR や一部私鉄における「乗車券」と「特急券」は，いっけん二部料金のように見えるが，どちらもその金額が利用量（乗車距離）に応じて変化するため，二部料金であるとは言えない。むしろある区間を利用する際に，毎回切符を買う／回数券を買う／定期券を買うという選択を迫られる場合があるが，これは基本料金が 0 である自己選択的二部料金であるという指摘がある（正司 1995）。あるいは，地方鉄道に対して沿線自治体が補助する場合，補助の部分は沿線住民が利用の有無にかかわらず税金として支払う基本料金であり，鉄道運賃は従量料金であるという見方もできる（この見方の政策的含意については第15章を参照）。

　注
(1)　経済学の教科書では「超過利潤 ＝ 0」で市場が均衡する。このことはここで述べたことと矛盾するように思えるかもしれないがそうではない。企業が得た収入から，取引先に代金を支払い労働者に賃金を支払い，出資者（株主）に配当を支払った上で経営者に報酬（この部分が適正利潤）を支払うと何も残らない，ということである。企業に関するステークホルダー全てに支払いが過不足なくなされているのであるから，（競争下で）これ以上の利潤が得られなくても企業の存続には支障がないのである。
(2)　この点について厳密な説明を求める向きは，山内・竹内（2002）の pp. 184-186 を参照されたい。
(3)　交通以外では電力事業者並びに大手都市ガス事業者において同様の制度が採用されている。
(4)　例外としては距離に関わらず均一料金の国内郵便料金などが挙げられる。
(5)　このような性質を持つ財を「クラブ財」と呼ぶ。交通の領域では JR 東日本が運営する「大人の休日倶楽部」などもクラブ財の一種であると言えよう。

練習問題

1. 読者の周りで，アヴァーチ・ジョンソン効果が生じていると考えられる具体例はあるであろうか。見当たらないとすれば，それはなぜか考察しなさい。
2. 東京ディズニーランドは，1983年の開園当初は入場料金とアトラクションの料金を別に取る料金体系を採用していたが，現在では全てのアトラクションに1日乗り放題の「パスポート」にほぼ一本化されている。なぜそのように変更したのか考察しなさい。

参考文献

浅井澄子（2011）「電気通信」塩見英治編『現代公益事業——ネットワーク産業の新展開』有斐閣，pp. 155-173

伊藤規子（1994）「ヤードスティック競争の意義と課題」植草益編『電力』NTT出版，pp. 88-110

正司健一（1995）「鉄道輸送」金本良嗣・山内弘隆編『交通』NTT出版，pp. 97-150

山内弘隆・竹内健蔵（2002）『交通経済学』有斐閣

第11章

交通混雑への処方箋

キーワード

混雑料金　ALS（area licensing scheme）　ピークロードプライシング

京阪電気鉄道の「5000系」電車：高度成長期の通勤混雑を緩和するべく1970年に登場し，2021年に引退するまで通勤通学輸送で活躍した。片側に5カ所乗客の乗降用のドアがあるが，そのうちの2カ所はラッシュ時以外には使用しない。

今日の交通を取り巻く問題の中でも，「混雑」は最も重要でありかつ社会的関心が高い課題であるといえよう。本章では混雑問題について，交通経済学がどのように理解しているのか，どのような改善案を持っているのか，そして改善案を持っているのになぜそれを実行して混雑を解消することができないのか，について説明する。

　以下では，まず鉄道や道路における混雑とは何かについて概観した後，混雑料金とピークロードプライシングについてそれぞれ検討し，実施する上での課題と限界，そしてこの2つの理論の相補性について説明する。

1　交通における「混雑」

　大都市圏では通勤通学時間帯の電車の混雑が常態化している。混雑した電車に乗るだけで疲労困憊，という人は少なくないし，それ以上に不愉快な経験をした人もいるかもしれない。では混雑を承知した上で，なぜわれわれはその時間帯の電車に乗るのであろうか。

　日常的な感覚で言えば電車の方が「時間が読める」，すなわち何時の電車に乗れば何時に目的地に着くのかがほぼ確定するから，というところであろう。それは第1章で説明した，「交通需要は派生的である」ことから説明できる。われわれは会社で働くために，学校で授業を受けるために電車に乗る。会社の勤務開始時刻，学校の授業開始時刻は決まっており，それに遅れることは許されない。そのため確実にその時刻に着く鉄道が選択されるのである。

　それに対して自家用車による通勤は満員電車に比べると格段に「快適」である。自分の車の中は自分だけの空間であり，そこでお気に入りの音楽を聴くことも，お茶やコーヒーを飲むことも自由である。しかし一度渋滞にはまれば，何時に着くかは全く予測できない。その結果会社に遅刻しても許してもらえることはまずない。

　我々が必要とする最低限の交通サービスを，その需要が派生的であることを鑑み「目的地に目的の時刻に着くこと」と定義するならば，鉄道は混雑するにもかかわらずその条件を満たす一方，自家用車（道路交通）は混雑＝渋滞のゆえにしばしばその条件を満たさない。言い換えれば，鉄道は混雑してもサービ

ス水準が低下しないのに対して，道路交通は渋滞によってそのサービス水準が低下する，ということである。[1]

　渋滞すなわち道路利用者の増加によって道路交通のサービス水準が低下するということは，この場合の渋滞が外部不経済の一種であることを意味する。他の道路利用者の存在が，自分の必要とするサービス水準を低下させているのである。ただし，このとき自分の存在が同様に他の利用者のサービス水準を低下させている（渋滞している道路から自分が去れば少なくとも1台分渋滞は緩和される）ことも事実である。このような外部不経済を内部化して道路渋滞を緩和し，道路のサービス水準を向上させることを意図しているのが混雑料金（congestion pricing）である。[2]

　他方，鉄道の混雑は外部不経済ではなく，たくさんの利用者＝需要が存在するにもかかわらず鉄道サービスの供給が少ないことにその本質がある。混雑緩和のためにはサービスの供給を増やす必要があるが，そのためにはいうまでもなく多大な投資が必要になる。そのような投資の財源をどこから得るのか，言い換えれば混雑時に必要になる線路の増加や車両の増備などに対する費用負担を誰に求めるかを検討したのがピークロードプライシング（peak load pricing）である。

　ここまで，鉄道と道路を対比させる形でその混雑の違い，そして処方箋の違いを示してきた。ただし，実際には道路交通においてもピークロードプライシングはよく提案される。道路渋滞が生じる原因として道路インフラの不足も大きな要因であり，それを改善させるためにはやはりピークロードプライシングが有効なためである。

2　混雑料金

　道路渋滞が生じるメカニズムとしては，特定の地点で事故や工事などのため車線数が減少することで発生するボトルネック渋滞と，そのような要因がないにもかかわらず通行量の増加に伴い渋滞が発生する自然渋滞がある。[3]前者については，何よりもそのボトルネックを解消することが急務であろう。それに対して後者については，道路供給の増大には時間がかかるため，当面は通行量を

減少させることで対応するよりない。混雑料金の理論はこのような場合を想定した議論である。

　議論の前提として，ある2点間を結ぶ道路を考える。渋滞が全くなければ（例えば）30分で通過できるものとする。このとき，この道路を一定の時間（例えば1時間）以内に通り切ることのできる車の台数によってこの道路の通行量を定義する。

　通行量が少ない状態では渋滞は発生せず，30分で車は通行する。ある閾値 t_0 を超えると渋滞が発生し，通行に要する時間が長くなっていく。それはその車に乗っている人の時間費用や燃料代などの見地から，通行費用が大きくなることを意味する。この関係を示したのが図11-1である。なお，渋滞がさらに激しくなると，1時間以内に車が通り切ることができなくなるため，破線部のように通行量が減少することになる。このような状態を超混雑（hyper congestion）と呼ぶが，本書ではこの状態については扱わない。

　さて，前節で述べた通り道路渋滞には外部不経済が発生する。すなわち，道路を通行する各人が直面する費用とは別に，社会全体にもたらされる費用が生じることとなる。図11-2を用いて説明しよう。

　この図で，横軸はこの道路の通行量，縦軸はこの道路の通行費用を表す。この道路を「最後に」通過する車が負担する通行費用を限界費用とすると，その値は渋滞が発生しない t_0 までは一定である。t_0 を超えると渋滞が発生し限界費用が増加し，同時に限界費用曲線が個人の直面する私的限界費用（private marginal cost：PMC）と，社会全体に及ぶ外部不経済を加味した社会的限界費用（social marginal cost：SMC）に乖離する。

　この道路を通行することに対する需要曲線をDとすると，規制などがない場合，人々は自分が負担する費用＝PMCのみを考慮するので，通行量はDとPMCの交点である t_m となり，このとき各人が負担する通行費用は p_m となる。しかしこのとき，社会全体では s_m もの費用が発生する。外部不経済を考慮すると t_m という通行量は過大であり，△ELMだけの厚生の損失が発生してしまう。

　厚生の損失の発生を回避するためには，価格がPMCではなくSMCと等しくなる t^* に通行量を抑える必要がある。t^* では利用者が負担する通行費用が

図11-1　通行量と通行費用

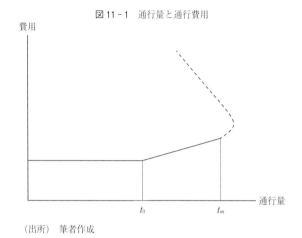

（出所）　筆者作成

図11-2　混雑料金

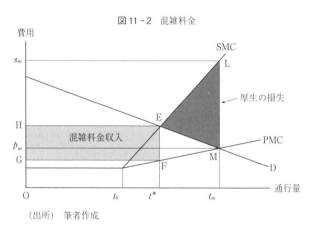

（出所）　筆者作成

p_m より小さく，そのままでは通行量を抑制できないため，PMC と SMC の差
額を利用者から徴収することが考えられる。これが混雑料金である。混雑料金
を徴収することで通行量は t_m から t^* に抑制される（このことは消費者余剰をそ
の分小さくする）が，混雑という外部不経済のために生じていた厚生の損失を
0 にすることができる。ただし $t_0 < t^*$ であるため，このとき混雑が完全に解
消したわけではないことに注意が必要である。

　混雑料金の理論は1961年のイギリスの経済学者ウォルターズ（A. Walters）
の論文に端を発する。それから60年以上の歳月が過ぎ，理論的には多くの研究

　我が国で混雑料金を導入しようとする場合に，そのための手段として期待されるのがETCである。それだけでなく，ETCを利用すれば料金所でも停止することなく進入できるため料金所のボトルネック混雑も減少する他，料金所の設置コストを抑えることができるため高速道路への進入口を新増設することも容易になる。

　今日の我が国でETCが普及したのは，もちろんデータ通信技術の進展によるところが大きいが，それに加えて料金徴収に関する制度面の変更が必要であった。かつては高速料金を車の「運転者」が支払うことが原則であり，「所有者」に請求することができなかったのである。しかし所有者への料金請求が可能になれば，どの車を誰が所有しているかはナンバープレートを発行する陸運局が全て把握しているのだから，料金の後払い請求なども容易に行える。すなわち，車の所有者に料金の請求を可能にするという制度の変更があって初めてETCが実現できたといえよう。

　同様のことは鉄道におけるSuicaなどのICカードについても言える。ICカードを利用する場合，これまで切符を買う際に使用されていた，途中の経由地や乗車キロ数などのデータを用いることは困難であり，「いつどこで改札に入ったか」と「いつどこで改札を出たか」という情報だけで運賃が計算できる必要がある。その意味では，東京・大阪などで旧国鉄が導入していた「大都市近郊区間」（その範囲内であれば実際の乗車経路に関わらず最短経路で運賃を計算する）という制度があって初めて，ICカードの導入が可能だったのである。

者に受け入れられているものの，実際の渋滞緩和政策として採用されている例は多くない。採用に際しての課題としては次の諸点が指摘されてきた。

　まずそもそもの問題として，道路の利用は誰しもが自由に行えるべきであり，料金の徴収がなされるべきではないという考え方がある。料金を徴収するとなれば，その料金を払えない人を道路の利用から排除することになり，著しい不公平が生じるという意見である。実際に請求される料金水準はそこまで高くならない場合が多く，利用者の排除につながるケースは必ずしも一般的ではないが，道路は公共財であり利用者は無料で利用できるべきという原則に関わる問題である。

　2つ目に，どのように料金を徴収するのかという技術的な問題がある。高速道路や，シンガポールやロンドンなどで採用された ALS（area licensing scheme：市街地への入口にチェックポイントを設け，進入する場合には許可証の購入を義務づける方式）のように出入口に料金所を設置できる場合は比較的簡単であるが，街中の道路において料金を徴収する場合には各種の困難が生じる。技術的には市街地の各所に記録装置を置いて通過する車の情報を記録すれば解決可能である。この方式は1980年代に香港で試行されたが，国民の行動を当局が常に監視することにつながり，国民の自由を損なうものとして政治的な抵抗が強い（当時の香港でも本格的な採用は見送られた）。我が国を含め，多くの国では道路交通の管理を警察が行っているため，この点については特に慎重な対応が必要である。

　3つ目に，徴収した混雑料金収入をどうするか，という問題がある。図11－2では，長方形 EFGH で表される部分が混雑料金収入の大きさである。混雑料金の理論は外部不経済の内部化を目的としていたので，この収入の使い道を想定していなかったのである。徴収したものを全く使用せず金庫に入れておくだけではあまりにもったいない一方，利用者に安易に還元すると混雑料金の有効性が損なわれる。おそらく最も受け入れられやすい使い道としては，道路の維持管理，あるいはバイパスなど新たな道路建設の財源にすることであろう。あるいは道路整備に留まらず，鉄道などの公共交通を含めた交通整備の財源にすべし，という意見もある。

3　ピークロードプライシング

　鉄道の混雑は，多くの場合特定の時間帯・曜日・季節などに集中している。日中は複線で足りるが，朝夕には複々線でなければ輸送ができない，平日は3両編成で十分だが年末年始は10両編成でも足りない，といったことが生じる。それに対応するべく線路を増設したり車両を増備したりするには多額の費用が生じるが，この費用をどこから捻出するか，あるいは誰に負担してもらうかが問題となる。

　ピークロードプライシングはこの問題に対して，ピーク時の輸送にのみ必要

な費用はピーク時の利用者に負担させれば良い，という回答を提示する。ピーク時の運賃を値上げする一方，それ以外のオフピーク時には場合によって運賃を値下げしても良い，と考えるのである。交通以外の分野ではこのような料金設定がしばしばなされている。電力や電話における深夜割引料金や，宿泊料金が繁忙期と閑散期で大幅に異なることもその例として挙げられよう。

　ピークロードプライシングの考え方を次の図11-3で説明しよう。単純化のため，事業者が直面するのはピーク時とオフピーク時の2種類の需要関数のみとする。事業者の限界費用曲線は固定資本の大きさを所与とした（固定資本への支払いを含まない）短期限界費用（SMC）と，固定資本の大きさが調整可能な（固定資本への支払いに充てられる）長期限界費用（LMC）がある。SMCのもとでは，輸送量 t^* 以上を輸送することは困難であり，そこで曲線は垂直になると考える。

　この事業者の当初の運賃水準を p_0 とすると，そのときのピーク時・オフピーク時の輸送需要が需要曲線 D_1・D_2 に基づいて定まる。この図の場合，ピーク時における輸送需要は短期において輸送可能な t^* を超過している（$t^* < t^\circ$）。この超過部分がこの事業者が直面している「混雑」である。

　ピークロードプライシングを採用すると，ピーク時の利用者は固定費用を合わせて負担することになる。すなわち，ピーク時の運賃 p_1 は D_1 と LMC の交点で決定される。p_1 のもとで実現する輸送量に見合うだけの設備が最終的には供給されるため，混雑は解消する。図11-3ではピーク時の輸送量が t^* となることでそれを表現している。他方オフピーク時の利用者は固定費用を負担せず，D_2 と SMC の交点で輸送量とオフピーク時の運賃 p_2 を決定する。これによってピーク時には運賃が上昇するものの混雑は解消する一方，オフピーク時には運賃が低下するため輸送量は増加する。

　なお，実際にはピーク時の輸送量が調整され混雑が解消するまでには一定のタイムラグがある。この理論にしばしば寄せられる批判として，ピーク時の運賃を上げても（需要が必需的かつ派生的であるため）利用者が減らず混雑が解消しないという見解がある。運賃による調整だけではそのような結果に終わる可能性はあるが，ピークロードプライシングでは運賃の上昇が設備投資の拡大につながるため，中期的には混雑解消に向かうことになる。

図 11 - 3　ピークロードプライシング

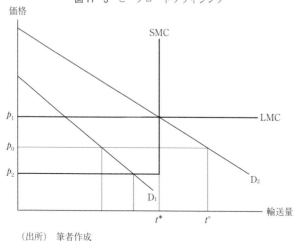

（出所）　筆者作成

　前節の混雑料金と同様，ピークロードプライシングも理論的には評価されているが，交通領域での適用例は多くない。首都圏の一部私鉄は「昼間割引回数券」「休日割引回数券」などを発売しているが，割引率が低いことなどがあり十分な効果を発揮していない。また，JR東日本は2023年3月から首都圏において朝のピーク時に利用できない代わりに運賃を割り引いたオフピーク定期券の発行を開始したが，この効果も現時点では未知数である。

　ピークロードプライシングに関して指摘される問題点としては，まず混雑料金と同様技術的な課題——どうやって時間帯ごとに異なる運賃を徴収するか——がある。これについてはICカードの普及に伴い改善されていく部分が大きいが，ある時間を境に運賃が急激に上がる場合，上がる直前に改札を通ることで混雑した列車に乗っても安い運賃しか払わないなどの行動への対処などは引き続き課題となるであろう。また，技術的な課題としてはもう1つ，運賃が下がったオフピーク時がかえって混雑するようになるという問題（ピークシフト）がある。これについてはオフピーク時の利用者にも固定費用の一部を負担させるなどの方法で解決可能である。

　次に，ピークロードプライシングが事業者に利益をもたらすか，という問題がある。例えば，多くの食堂では昼食時に割安な「ランチメニュー」を提供し

　慢性的な混雑の続く首都圏の鉄道では，混雑を避けたい利用者に対し追加料金を払えばより快適な車両を用意するサービスが発達してきた。JR東日本各線の車両についたグリーン車や，小田急電鉄や西武鉄道の有料特急が通勤客にも利用される，ということから始まって，近年では東武鉄道や京王電鉄などで，定員制の有料列車が相次いで運行されている。

　これらの列車は，混雑を回避するために追加料金を払うという点ではピークロードプライシングに近い施策である。ただしその料金水準は必ずしも高くなく，利用者からは一定の支持を得ているが，そのような列車の導入によってピーク時の混雑そのものを解消するには至っていない。

　ところで，首都圏より混雑率が低い関西圏でも同様の列車が登場している（京阪電鉄など）。「座れる」だけではメリットとしては小さい関西で，これらの列車が定着するのかどうかも注目される。

ている。ピークロードプライシングの見地からは，むしろ混雑する昼食時には価格を上げるべきであるが，そのような店はほとんどない。混雑する昼食時には，客の回転を早めることが売り上げ増加にむしろ有効であると判断しているからである。同様のことは鉄道においても，満員電車に乗客を押し込める方が運賃値上げより収入増加に寄与するという判断につながっているのかもしれない。

　さらに言えば，今日の我が国の鉄道運賃はむしろピークロードプライシングとは逆になっている。ピーク時の利用者の大半が割安な定期券を利用しているからである。第3章でも指摘した通り，ピーク時の利用者が通勤客ではなく通学客である地方の路線ではその度合いが一層顕著である。通学定期の割引率は，食堂のランチメニューのような営業施策としての範囲を超えている。通学定期への大幅な割引を今後も続けるのであれば，ピークロードプライシングの見地からは少なくとも通勤定期との差額を鉄道事業者に補助するなどの仕組みが必要であろう。

　混雑料金は混雑の外部不経済を緩和することを目指して導入されたが，その結果使途を想定していない料金収入を得ることとなった。他方ピークロードプ

ライシングは，誰が費用を負担するか（誰に費用を負担させるか）を考える理論であったが，結果として混雑の解消が見込まれた。

このように考えると，この 2 つの理論は道路渋滞／鉄道の混雑と比較優位のある分野は異なるが，達成される結論はほぼ同様のものであると見ることができよう。本章の冒頭でこの 2 つの理論を相補的と述べたゆえんである。

注

⑴ ここで述べていることに納得がいかない向きは多いであろう。繰り返しになるが，「交通需要が派生的」であることがその前提である。交通需要が「本源的」であるならば，苦痛でしかない満員電車は「サービス」に値せず，自家用車の快適な空間にいる時間が長ければ長いほど得られる効用は大きくなる。

⑵ 山内・竹内（2002）をはじめ，混雑税（congestion tax）として論じられることも多い。理論的にはどちらも同じであるが，道路公有の原則に基づき料金を政府が徴収すると考えれば税となり，それ以外の事業者が徴収することも容認するならば料金となる。

⑶ このような現象がなぜ生じるかについては，道路工学で研究がなされている。それによると，例えばトンネルに進入する地点や勾配が変化する地点などで，自動車が速度を落とすことが原因であるとされる。

⑷ ただしこの場合には，料金所においてボトルネック混雑が生ずる恐れがある。

⑸ 通常の回数券が10枚分の価格で11枚発行されるのに対して，時差券は12枚，土休券は14枚発行される。ただし回数券そのものの発行を廃止する事業者が相次いでおり，その意味でも普及しているとは言い難い。

⑹ 事業者によっては IC カードを用いて，オフピーク時の利用に高額なポイントを付与するなどの施策を既に始めている。

練習問題

1．ある道路 AB 間を通行する際の需要関数が $D_{AB}=600-\frac{1}{3}f$（f：通行量）であるとする。渋滞が発生しない場合，AB 間を通行する際の限界費用＝100，渋滞が発生すると私的限界費用 $PMC=\frac{1}{2}f-150$，社会的限界費用 $SMC=3f-1400$ であるとする。道路管理者が AB 間に混雑料金の導入を検討するとき，以下の各問いに答えなさい。

　① 混雑料金を採用する前の PMC の水準を求めなさい。

　② ①の場合に生じる厚生の損失の大きさを求めなさい。

　③ 混雑料金を採用することで，AB 間の通行量はどのくらい減少するか求めなさい。またこの時，道路渋滞が完全に解消するか否か，根拠を挙げて述べなさい。

　④ ③の場合に，道路管理者が得る混雑料金収入の大きさを求めなさい。

2．ある鉄道事業者がピークロードプライシングの採用を検討しているとする。この
とき次の問に答えなさい。

① 短期限界費用＝100，長期限界費用＝250とする。このとき，ピークロードプ
ライシング採用前は運賃水準 $p＝200$ であるとすると，ピーク時に必ず混雑が
発生することを示しなさい。

② この事業者が直面するピーク時の需要関数が，$p＝400－5x$（x：輸送量）で
あるとする。このとき，ピークロードプライシング採用後のピーク時における
輸送量を求めなさい。

③ オフピーク時の輸送量は，$p＝200$ の場合で10であった。ピークロードプラ
イシング採用後輸送量が2倍になるとすると，このときのオフピーク時の需要
関数（線形でよい）を求めなさい。

④ 以上の条件下において，この鉄道事業者はピークロードプライシングを採用
しないことを示しなさい。［ヒント：採用前後の鉄道事業者の収入に着目する］

参考文献
山内弘隆・竹内健蔵（2002）『交通経済学』有斐閣

第12章

地域開発の理論と交通投資

キーワード

ウェーバーの工業立地論　付け値地代曲線　逆流効果　ヘンリー＝
ジョージ定理

（出所）　柏市広報広聴課提供
つくばエクスプレス・柏の葉キャンパス駅とその周辺：宅鉄法を活用し，鉄道建設と沿
線の宅地開発を一体的に行ったことによって，新しい街が急速に発展している。

交通投資を行うに際しては，投資によってどれだけの収益（およびさまざまな便益）が得られるかを考える必要がある。交通経済学ではその際人口の分布や企業の立地は所与として扱われるのが通常である。

　他方，交通投資は地域の人口分布や企業の立地に大きな影響を与える。本章ではこの側面に焦点を当てる。ここで留意すべき点としては，このとき（交通経済学が検討対象としてきた）運賃水準などは所与のものとして扱われることである。本章で扱う領域はむしろ地域経済学（regional economics）と呼ばれる分野であるが，交通経済学とも密接な関係を持っている。この分野について体系的に学びたい向きは，山田・徳岡編（2018）や黒田・田渕・中村（2008）などを参照してほしい。

1　交通と産業立地（立地理論の初歩）

　企業をはじめとする経済活動の立地を検討する領域を立地論（location theory）と呼ぶ。この領域は地域経済学の源流ともいうべきものであり，200年近くに及ぶ長い歴史を持つ（この領域についての概説書としては松原編：2002などを参照のこと）。ここではウェーバー（A. Weber）とフォン・チューネン（J. H. von Thünen）の古典的理論を主に交通（輸送費）の観点から説明し，その理論が今日にも有効であることを示す。

(1)　ウェーバーの工業立地論

　ウェーバーは，『工業立地論』（1909，邦訳 1986）において工業の立地を輸送費・労働費・集積の3つの立地因子に基づいて説明した。その中では輸送費が最も幾何学的な取り扱いが容易であるとして，まず輸送費が最小になる地点を求め，その地点から離れることによる輸送費の増加を補ってあまりある労働費の節約（あるいは集積の利益）がある場合にそのような地点に立地が偏倚する，という論理で立地を説明した。

　ウェーバーの理論では，原料を産出する場所（原料地）と製品を出荷する地点（消費地）は所与であると仮定されている。この点には多くの批判が寄せられたが，製鉄業などの資本財・中間財産業の立地を考える上では今なお有効で

156

ある。例えば必要な原料が２つで，製
品の消費地が１カ所の場合には，**図
12-1**のような立地三角形を描くこと
ができる。製鉄業の場合であれば，２
つの原料をそれぞれ「鉄鉱石」と「石
炭」と考えれば良いであろう。我が国
の製鉄所はほとんどが消費地立地であ
るが，北九州の八幡製鐵所や北海道室
蘭市の製鉄所はいずれも国内の炭鉱の
近傍に立地した例であり，かつてあっ
た岩手県釜石市の製鉄所は鉄鉱石の鉱
山の近傍を指向した例である。

図 12-1　ウェーバーの立地三角形

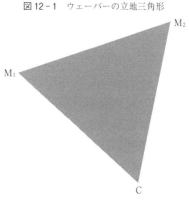

（出所）　筆者作成

　理論的には，工場の立地は立地三角形の「頂点もしくは内部」の可能性があ
る。しかしほとんどの場合，工場は原料地もしくは消費地＝立地三角形の頂点，
に立地する。したがって立地を決定する際には，各頂点のうちでどこが総輸送
費を最小にするかを計算することで求められる。とりわけ，原料地と消費地が
各々１カ所の場合には，工場が必ずそのどちらかに立地することが証明されて
いる（端点立地定理）。

　輸送費最小地点が原料地・消費地にならない例外としては，輸送経路上に積
み替え地点が存在する場合がある。この場合には，積み替え地点において荷物
を積み替える費用を節約するために，積み替え地点に立地する選択がなされる。
海外から鉄鉱石・石炭を輸入する我が国の製鉄所が全て臨海部に立地している
のはまさに積み替え費用を節約するためである。

　同様の論理は人の移動についてもしばしば見られる。戦後の東京において池
袋・新宿・渋谷が急速に発展したのは，これらの地点が郊外からの私鉄と山手
線や都電（のちに地下鉄）との乗換駅であったことによる。

(2)　チューネンの『孤立国』とアロンゾ・モデル

　チューネンは，これまで気候や土地の肥沃度といった自然的要因によって説
明されてきた農業の立地を，市場からの距離という要因から説明することを試

　我が国における最大の牛乳産地は北海道であり，最大の消費地が東京である。北海道で生産された牛乳は飲用乳として東京に出荷されるほか，バターやチーズに加工されて東京に出荷される部分も多い。しかしこのとき，飲用乳をパック詰めする工場は首都圏に立地する場合が多い反面，バターやチーズを生産する工場は北海道に立地する傾向がある。飲用乳の場合，原料となる生乳と製品である飲用乳の重量はあまり変わらず，輸送の容易さを考えると北海道からタンクに入れて生乳を運ぶ方が輸送費は小さい。他方バターやチーズは，原料乳1トンから生産される重量が1トンよりはるかに小さいため，原料地で加工して出荷する方が輸送費は小さい。このような輸送費の特徴に基づいて工場の立地が決定されている。

みた。その成果である『孤立国』（1826，邦訳 1974）では，農業が市場（都市）から図 12-2 の上半分のような同心円（チューネン・リング）状に配置されることを論じている。

　チューネンの理論のポイントは，「輸送費」と「地代」がトレードオフの関係になることを明らかにしたことである。農産物の価格を p，農家の生産量を q そして生産費用を $C(q)$ とおくと，農家の利潤 π は以下の式で表される。農家は売上から生産費用のほか輸送費 tx（t：運賃率，x：市場までの距離）と地代 R を支払うものとする。

$$\pi = pq - C(q) - R - tx$$

このとき p，q がいずれも所与であり，$C(q)$ も企業間で一定であるものと仮定する。農産物市場が十分競争的であれば $\pi = 0$ となるので，$pq - C(q) = K$ とおくと，上の式は次のように変形できる。

$$R + tx = K$$

この式を，地代 R と市場までの距離 x の間の関係と見たものが付け値地代曲線（bid rent curve）である。輸送するものによって運賃率の水準が異なったり（例えば，飲用乳は低温輸送が求められるのでその分輸送に要するコストが大きくなる

ため，運賃率が高くなる），経営形
態の違いによって必要となる土地
面積が異なったりといった要因に
より付け値地代曲線の傾きと切片
の大きさが異なるため，最も高い
地代を提示する土地利用が市場ま
での距離によって異なってくる。
これを平面上に示したものが
チューネン・リングに他ならない。

　都市（市場）からどの方向に向
かっても輸送条件が同一であれば，
チューネン・リングは同心円とな
るが，実際には常にそうであると
は限らない。**図12-2**の下半分は
河川の存在する（＝船舶を利用して

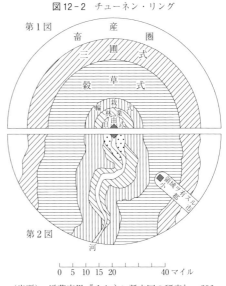

図12-2　チューネン・リング

（出所）　近藤康男『チウネン孤立国の研究』p. 296

より低廉な輸送が可能になる）場合を描いている。河川に面したところでは遠く
離れていても市場の近くと同様の農業が立地可能になっている。このような現
象は今日ますますよく見かけるものである。北海道の牛乳が飲用乳として東京
に出荷されることも，海外で栽培された切花が日本の花屋に並ぶのも，かつて
は見られなかった現象である。そしてそれが可能になった要因の1つが，冷蔵
トラックや航空輸送などの輸送技術の発展による輸送費の低廉化であることは
容易に理解できよう。

　チューネンの理論は，農業に留まらず輸送費と地代のトレードオフに直面す
る領域へ応用可能である。1960年代にはアロンゾ（W. Alonso）らによって都市
における土地利用の分析に応用され，都市経済学（urban economics）という領
域が確立された。都市経済学では都市住民が皆都心（central business district：
CBD）に通勤する（単一中心都市）と仮定し，住民の効用最大化の見地からその
通勤費用と地代がトレードオフの関係にあることを証明した。そのことから住
宅立地においても農業や商業などと同様に，右下がりの付け値地代曲線を導出
できる（アロンゾ・モデル）。これにより都市全体の市場地代曲線は**図12-3**の

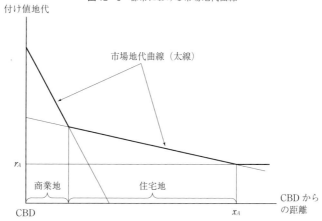

図12-3　都市における市場地代曲線

付け値地代

市場地代曲線（太線）

商業地　　　　　住宅地

r_A

CBD　　　　　　　　　　　　　　　　　x_A

CBD からの距離

r_A は農業地代を表し，CBD からの距離に関わらず一定と仮定する。x_A より右
側では，住宅より農業の方が高い地代をつけるため農業地域となる。このよう
に農業地代を導入することによって，x_A すなわち都市の空間的な範囲を決定す
ることが可能になる。
　（出所）　筆者作成

ように表される。

　付け値地代曲線が右下がりという性質は，我が国とりわけ東京にいると自明
なもののように思えるかもしれない。なぜ右下がりなのか実際筆者が学生に尋
ねてみても「都心の地価は高く，郊外の地価は低いから」という答えが返って
くることがほとんどである。しかしこの解答では，なぜ都心の地価が高いのか
（郊外の地価が低いのか）という問いに答えていない。チューネンに始まる付け
値地代曲線の概念は，この問いに答えを与える。すなわち，都心に住むことで
通勤費用が低く抑えられるのでその分高い地代を負担することが可能になるた
め，である。[2]

　ところで，我が国では通勤時の定期代を勤務先が給与とは別に支給するケー
スが大半である。そのため通勤者は通勤定期券の金額を考慮せず居住地を選ぶ
ことができる。[3]であれば我が国では付け値地代曲線が右下がりにならないかと
いえば，上述の通りそうではない。これは，通勤費用が定期代などの金銭的費
用だけではないためである。長距離通勤に伴う心身の疲労，そして第4章でみ
た通り通勤に要する時間もまた通勤の費用の一部である。これらは通勤者の負

担となるため，我が国でも付け値地代曲線は右下がりとなる。

　我が国の大都市圏ではしばしば，新規に開業する通勤鉄道が極めて高い運賃水準となることがあるが，そのような運賃設定が可能になるのは定期代を勤務先が負担するためである。そしてそのような鉄道がしばしば社名や路線名に「高速」や「急行（エクスプレス）」という文字を含めるのは，通勤者が自己負担する通勤時間が短いこと（あるいは短いというイメージ）をアピールするためなのかもしれない。

2　逆流効果とスピルオーバー効果

　チューネンの理論が輸送費と地代の関係を考察しているのに対し，輸送費と集積の関係を考察した理論が存在する。それは最終的には1990年代以降に「新しい経済地理学（new economic geography）」ないしは「空間経済学（spatial economics）」と呼ばれるものに発展していくが，その源流となる研究は1950年代から1960年代には地域開発などの領域において知られていた。

　スウェーデンの経済学者ミュルダール（G. Myrdal）は，『経済学と低開発地域』（1957，邦訳 1959）の中で，経済的に発展した地域には人口（労働者）と資本が流入し，それによってその地域がさらに発展する一方，発展が停滞した地域では逆に流出し，地域の衰退がさらに進むと論じた。これは当時から主流であった新古典派経済学の標準的な見解——労働者が流入する地域では賃金水準が低下し，流出する地域では上昇するため最終的に賃金水準は均衡する——と相反しているため，長らく主流派の経済学では受け入れられてこなかった。しかし，ミュルダールの議論は，その前提である「生産関数の規模に関する収穫逓増」（第5章で説明した「規模の経済性」の理論的背景）が理論的・実証的に受け入れられるようになると再評価されるようになった。人口や資本が都市に流入し集積が拡大するにつれて都市（中でも少数の大都市）が発展する一方，それ以外の地域が発展から取り残されるという現象を逆流効果と呼ぶ。この時，流入が増加する「きっかけ」となるのが都市へ移動する際のコストの低下である。

　戦後の我が国では，新幹線や高速道路が全国に建設され，時間費用を含めた移動コストを大幅に低下させたが，それが大都市とりわけ東京への「一極集

中」をもたらし地方の衰退を招いたという議論がしばしばなされる。この議論の根拠の1つが逆流効果である。

　我が国ではかねてより，「ストロー効果」という現象が知られていた。新幹線などの開業によって，地方都市ではしばしば駅前に立地する百貨店などの大型店の閉店や企業の支店の統廃合などが生じる。地域経済があたかも大都市にストローで吸われたかのようにその経済規模を縮小させていくというところからこのような名称がつけられている。輸送費の低下が地方都市の商業・業務機能の集積を縮小させるという意味ではこれはまさに「逆流効果」の一種である。

　駅前の百貨店が閉店しその後に出店する企業もないまま放置されている光景は，人々に大きなインパクトをもたらす。しかしながら他方で，その百貨店の閉店が地域経済にどの程度の損失を与えているかも検討される必要がある。住民は以前から駅前の百貨店より郊外のショッピングモールを選択していたのかもしれない。また，新幹線が開業することで大都市への買い物が容易になることを，住民は積極的に評価するかもしれない。その意味ではストロー効果という現象を過度に悲観的に捉えるべきではないとも言えよう。

　新幹線や高速道路を全国に建設したのは，それによって各地の開発を促進し地域経済を発展させるという意図があってのことでもある。実際今日でもなお各地域は「地元の発展のため」新幹線の誘致に熱を入れている。逆流効果が知られるようになってもそのような誘致活動がなされるのは，新幹線や高速道路によって地域経済が発展することへの期待がいまだに失われていないことを示唆しているとみるべきなのであろう。

　逆流効果からみると集積は大都市への「一極集中」をもたらし，その他の地域は人口が流出し衰退する一方ということになる。そのような事態を防ぐためには集積の進行を可能な限り抑制するべきという結論になるが，逆に集積を意図的に創出することで地域経済を発展させることができるという見解もハーシュマン（A. Hirschman）やペルー（F. Perroux）などによって示されている。彼らの見解を元に提示されたのが「拠点開発方式」と呼ばれる地域開発の手法であり，世界各国で採用された。我が国でも，1962年に策定された「全国総合開発計画」に基づいて全国15カ所に展開された新産業都市という政策がこの手法をもとにしたものとして知られている。

　拠点開発方式ではあらかじめ定めた拠点（ペルーのいう「成長の極（growth pole）」）に資本を集中し，そこを最初に発展させることによって，その発展が周辺に波及していくと考える。都市となった拠点が周辺の地域から食料や資源を購入すること，都市で働くことが可能になることで周辺地域の賃金水準が上昇することなどの影響が考えられる。それは都市の便益が周辺に漏出（spill over）することであり，スピルオーバー効果とも呼ばれる。

　ここで取り上げた便益の漏出という現象は，都市だけでなく外部経済を生じさせる経済活動に広く見られる。第5章で説明した通り，交通においても外部経済は存在している。したがって，スピルオーバー効果は交通投資を行う上でも考慮されねばならない。

　交通投資を行う上で生じるスピルオーバー効果は多岐に及ぶが，大きく分類すると投資を行うこと自体によって生ずるものと，交通投資の結果交通条件が改善されることによって生ずるものに分けられる。

　鉄道や道路の建設といった交通投資は，それ自体が多額の支出を伴う。その支出は建設事業者の収入となるのみならず，事業者が発注する資材や建設機械などが関連業界に収入をもたらす。このときマクロ経済学でいう「乗数効果」が働くことで，交通投資が地域経済にもたらす効果は，直接の投資額を上回るものとなる場合もある。他に目ぼしい産業のない地域の場合，このような効果が極めて魅力的に映るが，いうまでもなくこの効果は投資が完成すると消失するものであり，依存することは難しい。

　他方，交通投資がなされることにより地域の交通条件が改善され，それによって地域経済にさまざまな影響が生じる。高速道路の開通によって農産物の大都市への出荷が容易になる（鮮度を保持したまま出荷することができる）ことや，新幹線の開業によってその地域を訪れる観光客が増加することが期待される。さらには企業が工場などをそのような地域に立地させることも期待でき，それは地域の雇用を増大させることにつながる。こちらは投資が完成した後長期にわたり期待できる効果である。

　これらの効果は，交通投資を1つの事業と見たとき，①その事業を行うために必要となる関連産業への影響と，②その事業が生み出した（改善された）サービスが地域経済に及ぼす影響というように整理することができる。このと

き，①を後方連関効果，②を前方連関効果と呼ぶ。

3　交通投資と地代 (ヘンリー＝ジョージ定理とデベロッパー定理)

そして交通投資は，最終的には利益を得た人や企業の地代負担力を増加させることを通じて，地価の上昇に帰着すると予想される（キャピタリゼーション仮説：capitalization hypothesis）。さらに言えば，地主が得る地代収入に政府が100％課税して吸収することができれば，それのみを財源として交通投資をはじめ政府の財政を全て賄うことができることが理論的に証明されている（ヘンリー＝ジョージ定理：Henry＝George theorem）。政府の活動が交通投資に限られる場合，人口移動が自由であるならば交通投資の水準は地代総額に等しくなるように決定され，社会的に最適な状態が達成される。[4]

ただしキャピタリゼーション仮説が実現するためには，地域の規模が小さく資本・労働市場が流動的で十分な競争がなされる（がゆえに，供給量に制約があり競争が働かない土地の価格だけが上昇する）ことが前提となる。現実にはそのような前提が完全に満たされるケースはほとんどない。また，交通投資の財源が地代収入のみで賄えるという主張は極めて魅力的であるが，土地を奪われる（地代の100％課税とは「土地の公有化」と同義である）地主の抵抗もあって，ヘンリー＝ジョージ定理に完全に沿った政策が実行されることは社会主義国以外ではほとんどない。

それでも，地価上昇に伴う利益を交通投資の財源（の一部）として活用することは，「開発利益」の還元という形でしばしば検討されている。我が国におけるその原点とも言えるのが，大阪と兵庫県の宝塚市を結ぶ箕面有馬電気軌道（現阪急宝塚線）であった。この鉄道が開業した当初，沿線には何もなく鉄道の経営も苦しいものであった。後の阪急グループの創業者小林一三は，その状況を逆手に取り，沿線を中産階級向けの住宅地として開発し，起点の梅田（現大阪梅田）にはデパート（現阪急百貨店梅田本店）を建設し，終点の宝塚にはレジャー施設[5]を建設した。これらの施策が功を奏し，鉄道の経営も大幅に改善したのみならず，今日では宝塚線沿線は関西でも有数の高級住宅地として知られている。

────────── コラム▶▶「開発利益還元」と宅鉄法 ──────────

　我が国では阪急や次章で説明する東急などの私鉄企業が自社グループ内で沿線開発等を行うことによって開発利益の還元を試みてきた一方，公的部門による開発利益の内部化は十分ではなかった。特に旧国鉄は沿線開発などを自ら行うことができず，このことが国鉄の経営を悪化させた原因の1つだと指摘されている。他方で地方自治体などが宅地開発を行う場合には，交通インフラの整備が適切になされず，それゆえに宅地の分譲が進まないこともあった。

　そのような反省に立って1989年に制定されたのが，「大都市地域における宅地開発及び鉄道整備の一体的推進に関する特別措置法（宅鉄法）」である。この法律によって，地方自治体が鉄道建設と沿線の宅地開発を一体的に行うことが可能になった。2005年に開業した首都圏新都市鉄道（つくばエクスプレス）が宅鉄法の適用例として知られる。同鉄道沿線の流山おおたかの森駅（流山市）や柏の葉キャンパス駅（柏市）の周辺には，商業地に加えて住宅地が整備され，住みやすい環境が提供されている。

　＊第5章で駿豆鉄道が伊東〜下田間の鉄道建設において「国鉄が建設する限り異議申し立てをしない」と述べているのは，まさに国鉄であれば鉄道を建設するのみで，（西武グループが行いたい）沿線の観光開発には参入してこないからである。

　阪急の事例が示すとおり，我が国では政府のみならず鉄道会社が自ら（あるいはグループ企業が）沿線の不動産開発を手掛け，鉄道によって生じる沿線の開発利益を吸収している。東京でも大阪でも，都心から放射状に複数の路線が伸びており，各路線を有する事業者は第3章で指摘した通り住民をどの沿線に住まわせるかという競争を展開している。そのような競争を通じて鉄道の運賃は低く抑えられる一方，吸収された開発利益を新線建設の財源に活用することが可能になっている。

　都市経済学においてよく知られている「デベロッパー定理」は，このような鉄道会社，より一般的にはデベロッパーが自由に参入し互いに競争することによって，鉄道の路線数が最適化し運賃水準は限界費用に等しくなると論じる。ここでは鉄道の建設と沿線の開発（住宅の供給）を1つの事業者が行うことで開発利益を吸収する一方，事業者間の競争を通じてサービスの供給水準やその価格が適正な水準に達することが示されている。その意味でこの定理は，阪急

をはじめとした日本の私鉄の行動をモデル化したものと見ることもできる。

開発利益の還元に関する具体的な論点並びに政策的な対応については，次の第13章で説明する。

注

(1) 正確には「農業経営」の立地である。この点はあまり強調されないが非常に重要な点だと筆者は考えている。例えば「三圃式」農業と「穀草式（二圃式）」農業は，生産するものはいずれも同じであるが，チューネンは前者が後者より郊外に立地するとしている。前者は休耕地を必要とするので，同じ量の生産をする際に後者より広い土地を必要とするためである。逆に休耕地を持たない後者は生産において肥料などを購入して投入することが必要である。これを「資本と土地の代替」とみるならば，住宅立地においてタワーマンション（資本集約的な住宅）は都心に立地し郊外には戸建住宅が並ぶということも同様の論理で説明することができる。

(2) 地価が資産（ストック）としての土地の価格であるのに対して，地代は土地が提供するサービス（フロー）の価格である。金融市場が一定の条件を満たすとき，地価＝（地代／市場利子率）という関係が成り立つ（詳細は山田・徳岡編；2018を参照）。市場利子率が所与の定数であるとみなせれば，この関係から地価と地代は比例すると言える。

(3) 第3章で紹介した「新幹線通勤」も，この制度があってこそ可能である。

(4) ヘンリー＝ジョージ定理と交通投資の理論的な関係については，坂下（1989），金本（1992）を参照のこと。

(5) この施設は今では廃止されているが，今日まで続く「宝塚歌劇団」は，この施設での興行から始まっている。

練習問題

1. 新幹線などの高速交通の整備によって衰退したとされる地域の例を挙げ，そのような主張の根拠を整理した上で，その見解の適否についてあなたの考えを述べなさい。

2. 他地域への移動がない単一中心都市を考える。この都市における住宅の付け値地代関数は，付け値地代を r_h，CBD からの距離を x として，$r_h = 8000 - 250x$ という式で表されるものとする。その他の仮定はアロンゾ・モデルに従うとき，以下の問いに答えなさい。

　① 農業地代が500のとき，この都市の面積を求めなさい。円周率＝3.14を用いること。

　② この都市には住宅の他中小工場があり，その付け値地代関数は $r^\beta = 10000 - 500x$ とする。このとき，中小工場は都市内のどの範囲に立地するか，具体的に求めなさい。

③　交通条件の変化に伴い，中小工場の付け値地代関数が $r_i^A = 10000 - 450x$ に変化したとする。それによって中小工場の立地する範囲はどのように変化するか述べなさい。その上で，農業地代が変化しない場合，付け値地代関数の変化が住宅に住む住民の効用水準にどのような影響を与えるか説明しなさい。ただし，住宅に住む住民は中小工場に通勤することはなく，また中小工場のもたらす外部性も無視してよいものとする。

参考文献

ウェーバー，A.，篠原泰三訳（1986）『工業立地論』大明堂

金本良嗣（1992）「空間経済と交通」藤井彌太郎・中条潮編『現代交通政策』東京大学出版会，pp. 117-129

黒田達朗・田渕隆俊・中村良平（2008）『都市と地域の経済学』［新版］有斐閣

近藤康男（1974）『チウネン孤立国の研究（近藤康男著作集第1巻）』農文協

坂下昇（1989）「地域経済と交通」奥野正寛・篠原総一・金本良嗣編『交通政策の経済学』日本経済新聞社，pp. 69-86

松原宏編（2002）『立地論入門』古今書院

ミュルダール，G.，小原敬士訳（1959）『経済学と低開発地域』東洋経済新報社

山田浩之・徳岡一幸編（2018）『地域経済学入門』［第3版］有斐閣

第13章

地域開発と交通投資の実例

キーワード

鉄道整備　住宅地開発　開発利益の還元　コースの定理　多摩田園都市
日生ニュータウン

東急田園都市線を走行する東京メトロ8000系車両：多摩田園都市の開発では，住宅地開
発と鉄道整備が一体的に進められた。主に通勤，通学の足として利用される東急田園都
市線は，東京メトロ半蔵門線と相互乗り入れを行っており，渋谷から先，永田町や大手
町など都心へ直通する。さらに一部列車は半蔵門線押上駅から東武伊勢崎線に乗り入れ
ている。

鉄道建設と住宅地開発は密接な関係を持っている。第12章で述べたように交通投資を沿線地価の上昇分で賄えることは，ヘンリー＝ジョージ定理として理論化されている。さらに鉄道沿線で住宅地開発が進むと，通勤，通学の利用者を確保できるため，鉄道会社の経営は安定する。本章では，鉄道建設と宅地開発の関係を，事業者が鉄道建設と宅地開発を一体的に進めた東京の多摩田園都市と，鉄道会社と開発事業者の交渉で問題を解決した大阪の日生ニュータウンの事例から分析しよう。

1　交通整備と住宅地開発[1]

　第12章で論じたように，都心に近い場所と遠い場所では，一般的に住宅地価格（正確には地価）は都心に近いほど高くなる。遠い場所は，通勤や通学に時間を要する上，運賃が高くなるため，その分，住宅地価格を安くする必要がある。就職してから定年を迎えるまで同じ場所に住み続けて都心へ通勤すると単純に仮定すると，運賃や通勤時間を金銭化した費用の総額に，住宅地価格を加えた金額は，各地点で等しくなる必要がある。隣の駅まで電車で３分かかるなら，一駅遠方に住むことは３分に時間価値をかけた金額と運賃の総額を毎年支払うに等しい額だけ，住宅地価格が安くなるはずである。これは第４章で学んだ一般化費用の考え方から簡単に説明できる。個人間で時間価値に差がないならば，運賃と所要時間の時間価値から計算される一般化費用を反映するように，住宅の需要曲線は右下がりに描ける。「平成19年地価公示要覧」をもとに，小田急線沿線の地価を新宿からの距離をもとにグラフ上にプロットして地価関数を推定すると，右下がりの曲線になることがわかる（山崎，浅田 2008）（図13－1）。

　この考え方を応用すると，遠方の住宅地でも，都心から所要時間が短くなる急行停車駅で住宅地価格が高くなることや，これまでは交通が不便なため，住宅地として開発できなかった遠方の土地に鉄道が開通して，都心までの所要時間が短縮されれば，従来より高い価格で宅地を販売できることになる。図13－1でも，新宿から11.6kmに位置する急行停車駅である成城学園前駅付近の地価が高くなっている。

図13‐1　小田急線沿線の地価

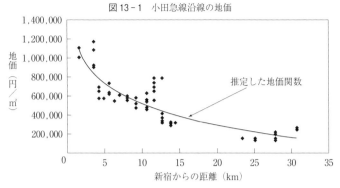

注：小田急線沿線の住宅地で駅までの距離が1km未満の代表的な土地をプロッ
トした。
（出所）　山崎福寿，浅田義久『都市経済学』p. 46

2　鉄道会社による住宅地開発：多摩田園都市

(1)　多摩田園都市の開発

　鉄道会社が不動産事業を兼業することは，開発利益を内部化する手法として
古くから知られている。鉄道建設と住宅地開発を一体化させて，土地の開発利
益を吸収するとともに，通勤，通学の利用者を確保して経営を安定させる手法
は，第11章で述べた箕面有馬電気軌道（現阪急宝塚線）による池田室町住宅地
の開発などに示されるように，東京，大阪などの大都市圏の私鉄各社で戦前か
ら行われてきた。

　東急電鉄は，戦前から沿線で住宅地開発を進めてきた代表的な事業者である。
同社の前身であり，多摩川台（田園調布）の開発を手がけた田園都市（株）は，
目黒蒲田電鉄と1928年5月に合併して，鉄道と宅地開発を一体化させた経営を
行った。その経験をもとに戦後計画されたのが，都心から南西に15〜35kmの
川崎市高津区，宮前区，横浜市港北区，緑区，町田市，大和市の4市にまたが
る開発計画面積5,000ha，計画人口40万人の大規模住宅地開発，「多摩田園都
市」である。東急はこの地を開発することを1953（昭和28）年に決定して，城
西南地区開発趣意書を発表した。趣意書に基づき具体的計画が検討され，1956

図 13 - 2　多摩田園都市の開発状況

(出所)　東急不動産『街づくり五十年』をもとに筆者作成

年 7 月にマスタープランが発表された。翌年には「多摩田園都市」の呼称が決定された。

　開発は，計画区域を 4 つに分けて進められた。計画区域の間に緑地帯を設け，計画区域を通る鉄道として，既存の東急大井町線を延長して溝の口から長津田に至る路線を予定した（後に溝の口〜中央林間間に変更）（図 13 - 2）。

　一般への宅地分譲は，先行して開発が進められた野川第 1 地区（1961年 6 月販売開始），恩田第 1 地区（1963年 2 月販売開始）から始められ，それぞれ最寄り駅からバス路線が開設された（表 13 - 1）。宅地分譲は1964年頃から本格化し，2011（平成23）年まで長期間にわたり事業が進められた。1966（昭和41）年に 4 万7,236人であった I ブロックからⅣブロックまでの総人口が，1970（昭和45）年には10万人を超え（10万3,543人），1975（昭和50）年には19万5,385人，1980（昭和55）年に30万109人，1985（昭和60）年に38万96人と順調に増加した。現在も，東京都心部に勤務する事務，管理職が多く，相対的に高所得者が多い良質な住宅地として知られている。

(2)　一括代行方式による開発

　多摩田園都市の開発は，土地区画整理法に基づく区画整理事業として行われた。一定地域内の全地主を組合員として土地区画整理組合を組織して，各地主の所有地を公平に減歩して，道路や公園等の公共用地や保留地に当てた。造成

表13-1　区画整理地区面積に占める東急所有地

ブロック		区画整理地区	地区面積 ha	東急所有面積 ha	ブロック		区画整理地区	地区面積 ha	東急所有面積 ha
I	1	野川第1	22.1	12.2	III	23	恩田第1	27.4	12.5
	2	有馬第1	68.8	21.9		24	下谷本西八朔	104.5	28.1
	3	土橋	122.7	20.2		25	恩田第2	172.9	53.5
	4	宮崎	129.9	34.4		26	恩田第3	65.0	23.5
	5	梶が谷第1	76.7	14.4		27	下谷本第2	64.0	11.8
	6	有馬第2	137.1	22.8		28	恩田第4	54.8	10.5
	7	小台	35.5	6.2		29	西八朔第2	51.2	9.8
	8	神木	16.2	5.7		30	上谷本第1	53.1	15.0
	9	北山田第1	38.3	16.5		31	成合	59.6	18.5
II	10	荏田第1	29.7	9.3		32	下長津田	40.2	10.8
	11	元石川第1	118.0	59.9		33	上谷本第2	29.2	7.5
	12	市が尾第1	28.9	6.5		34	奈良恩田	49.1	20.5
	13	下市が尾第1	21.9	7.6		35	上谷本第3	43.8	11.2
	14	元石川第2	94.8	23.0		36	鴨志田第2	16.2	6.5
	15	元石川大場	179.7	58.0	IV	37	小川第1	95.1	67.6
	16	嶮山第1	90.4	34.6		38	小川第2	70.4	36.3
	17	嶮山第2	29.7	11.9		39	南町田第1	38.9	20.8
	18	早野	35.3	17.1		40	南町田第2	4.3	0.5
	19	元石川第3	87.8	21.0		41	大和市北部第1	112.5	44.5
	20	小黒	43.9	14.3			合計	2,616.1	846.0
	21	市が尾川和	47.2	15.6					
	22	市が尾第2	9.3	3.6					

（出所）　松原宏『不動産資本と都市開発』p.183を一部修正

費などの事業費は，保留地の売却で賄われる。一般の区画整理組合では，事業
費の融資を受けて，完成後に保留地を売却して借入金返済に充てるが，東急は
事業費を負担する代わりに，これに見合う保留地を受け取るという一括代行方
式（東急方式）を採用した。民間開発事業者は，用地の全面買収を目指すこと
が多いが，東急が土地区画整理事業による一括代行方式を採用した理由は，地
主が土地売却に消極的であったこともあり，土地取得面積が1/3にも満たない
地区が多かったことを指摘できる。この方式の長所は，東急（東急不動産『街づ

くり五十年』p.225）によれば，

　①規模の拡大が図れる。
　②一定割合の土地買収で開発が可能であり，買収地も散在した状態で良い。
　③開発に伴う公共負担は，組合員全員で負う。
　④公共施設の改廃，新設，引き継ぎなどの手続きが簡素化される。
　⑤事業における反対者に対して強制力を持つ。

　上記5つを指摘している。開発面積に占める東急の取得地が多くなく，取得
割合が数％程度の区画整理地区も存在する中で，保留地取得により，東急は各
地区で面積の15％以上を最低でも確保できた。また保留地を自社用地に隣接さ
せることで有効利用が図られた。このように東急が開発の主導権を確立できる
ことや，一括代行方式により保留地が東急に集められる点は，大規模な用地買
収が困難な状況で大きなメリットである。さらに保留地の価格は契約時に決定
され，地価上昇に影響を受けることなく，利用可能な土地を大量に取得できた。
一方，組合側にとっても，開発や区画整理事業に伴う東急のノウハウや組織力，
資金力などを利用できることが大きなメリットになる。

(3)　東急田園都市線の開業

　多摩田園都市の足として計画された鉄道は，宅地開発と歩調を合わせて工事
が進められた。東急大井町線終点の溝の口駅から国道246号線（大山街道）に
沿って中央林間駅に至る20.1kmの路線は，長津田駅までの1期工事と，それ
以遠の2期工事に分けられ，1期工事（14.2km）は1966（昭和41）年4月に完
成した。長津田駅までの開通時には，初日から10日間，分譲地の開通記念セー
ルとして，沿線の有馬第1地区（14区画，3,328m²），元石川第1地区（9区画，
4,212m²），市が尾第1地区（19区画，5,964m²），および恩田第3地区（19区画，
4,655m²）で計61区画1万8,159m²と，建売住宅70戸の販売が行われた。長津
田駅以遠の工事も，Ⅳブロックの小川第1地区の開発に合わせて1968（昭和43）
年4月につくし野駅（1.2km）まで，小川第2地区，南町田第1地区の開発に
合わせて1972年4月につくし野～すずかけ台間（1.2km），1976年10月にすずか

表13-2　多摩田園都市の人口推移

	1966	1970	1975	1980	1985
Ⅰブロック	20,484	37,095	63,792	85,535	100,776
Ⅱブロック	8,079	23,471	49,968	84,191	108,852
Ⅲブロック	18,673	38,914	70,712	94,619	122,489
Ⅳブロック	—	4,063	10,913	35,764	47,979
計	47,236	103,543	195,385	300,109	380,096

注1：川崎，横浜，町田および大和各市の人口から，東急線梶が谷～中央林間間
　　　の人口を集計。
注2：区画整理等によって開発した地区は全部，それ以外の地域は鉄道線の両側
　　　各1.5kmの範囲について各町人口を面積按分の上集計した。
（出所）　東京急行電鉄『多摩田園都市』より作成

表13-3　田園都市線各駅の1日あたり乗降客数

		1966	1970	1975	1980	1985
Ⅰブロック	梶が谷，宮崎台，宮前平，鷺沼の各駅	10,520	37,562	74,156	109,758	138,506
		—	257.05	97.42	48.01	26.19
Ⅱブロック	たまプラーザ，あざみ野，江田，市が尾の各駅	5,289	33,548	58,547	91,991	143,391
		—	534.30	74.52	57.12	55.88
Ⅲブロック	藤が丘，青葉台，田奈，長津田の各駅	13,342	50,217	90,946	128,067	181,057
		—	276.38	81.11	40.82	41.38
Ⅳブロック	つくし野，すずかけ台，南町田，つきみ野，中央林間の各駅	—	3,729	11,705	35,145	80,988
		—	213.89	200.26	130.44	
計		29,151	125,056	235,354	363,961	543,942
		—	328.99	88.20	54.64	49.45

注1：上段：各駅乗降客数の合計　下段：変化率
注2：長津田駅の乗降人員にはJR長津田駅およびこどもの国線からの乗り換え人員を含む。中
　　　央林間駅の乗降人員も小田急中央林間駅からの乗り換え人員を含む。
（出所）　東京急行電鉄『多摩田園都市』より作成

け台～つきみ野間（2.3km）で進められた。またⅡブロックの元石川大場地区
の区画整理事業に合わせて，1977年5月にたまプラーザ駅と江田駅の間にあざ
み野駅が新設された。つきみ野～中央林間（1.2km）間の開業は1984（昭和59）
年4月である。区画整理地区外の鉄道建設では用地買収を実施したが，区画整

理地区内では東急所有地の換地ないし組合保留地が当てられた。全線開通するまでに，30年近い歳月と200億円以上の経費を要した大事業であった。同線は，渋谷駅から東京メトロ半蔵門線に直通乗り入れを行っており，多摩田園都市と都心が直結されている。

　田園都市線の各駅の1日あたり乗降客数と沿線人口を比較すると，強い関連性が示される（表13-2，表13-3）。開発が最初に行われたⅠ，Ⅱ，Ⅲブロックでは1975年頃まで人口と利用者数の急増がみられ，遅れて開発が進められたⅣブロックでは1975年頃から人口と利用者数が増加している。一方，開発が一段落する1980年代になると，人口と利用者数の増加も落ち着いている。

　沿線地価上昇を利用して鉄道会社が投資を回収するためには，地価上昇分を100％獲得すること，すなわち沿線の土地をすべて買収，開発する必要がある。このため現在では，民間企業が鉄道建設と一体化した大規模宅地開発を進めることは困難になっている。多摩田園都市の開発にあたり，東急が一括代行方式（東急方式）を採用したことは，大規模開発に向く適地を事業者が広範囲に確保することは難しい中での解決策といえる。

3　鉄道会社と開発事業者間の交渉による解決策：能勢電鉄と日生ニュータウン

(1)　能勢電鉄沿線の宅地開発

　能勢電鉄日生線は山下～日生中央間（2.6km）を結ぶ路線で，1977（昭和52）年12月に開業した。この路線は，日本生命が兵庫県川西市と猪名川町にまたがる地域に開発した阪急日生ニュータウンへの足として建設された。鉄道会社である能勢電鉄と，開発主体である日本生命の間で建設費負担を巡る交渉が行われ，両者の交渉で開発利益の還元が図られた。コース（R. H. Coase）は当事者間の直接交渉による解決策で最適な資源配分に到達できるコースの定理（Coase Theorem）を主張した。交渉による解決（コースの定理）も一定の条件が満たされれば，社会的に最適な状態を達成できることが証明されている。

　能勢電鉄は，能勢妙見への参拝客を輸送する目的で1908（明治41）年に設立された。第2次世界大戦後，大阪近郊で都市開発が進行するとともに，沿線で

表 13 - 4　能勢電鉄沿線自治体の人口推移

単位：千人

	1955	1960	1965	1970	1975	1980	1985	1990	1995	2000	2005	2010	2015
豊能町	4,079	3,758	3,680	4,930	7,090	12,471	16,297	23,676	26,617	25,722	23,972	21,989	19,934
対5年前比	—	-7.87	-2.08	33.97	43.81	75.90	30.68	45.28	12.42	-3.36	-6.80	-8.27	-9.35
川西市	35,158	41,916	61,282	87,127	115,773	129,834	136,376	141,253	144,539	153,762	157,668	156,423	156,375
対5年前比	—	19.22	46.20	42.17	32.88	12.15	5.04	3.58	2.33	6.38	2.54	-0.79	-0.03
猪名川町	7,610	7,178	7,038	7,032	7,940	11,526	14,430	21,558	27,130	29,094	29,902	31,734	30,838
対5年前比	—	-5.68	-1.95	-0.09	12.91	45.16	25.20	49.40	25.85	7.24	2.78	6.13	-2.82
合計	46,847	52,852	72,000	99,089	130,803	153,831	167,103	186,487	198,286	208,578	211,542	210,146	207,147
対5年前比	—	12.82	36.23	37.62	32.01	17.61	8.63	11.60	6.33	5.19	1.42	-0.66	-1.43

（出所）　国勢調査より作成

通勤，通学者が増加した。阪急宝塚線の支線的性格が強かった能勢電鉄沿線も，豊かな自然環境と大阪・梅田まで 1 時間以内の利便性から宅地化が進んだ。

　この地域の住宅地開発は，大正時代に開発された花屋敷・雲雀丘住宅地など，阪急電鉄沿線を中心に戦前から取り組まれてきた。戦後も，川西市では最初に阪急電鉄沿線（主に川西地区）で宅地化が進み，能勢電鉄沿線（多田地区や東谷地区）で本格化するのは，工場誘致により中規模工場が立地し，従業員等によるベッドタウン化が進んだ70年代以降である。沿線である大阪府豊能町，兵庫県川西市と猪名川町の 3 市町合わせた人口推移は，1960年代から1970年代半ばにかけて顕著な増加をみせている（表 13 - 4 ）。

　能勢電鉄沿線の大規模開発は従来未利用地であった台地を開発しており，既存集落から孤立した形で進められたのが特徴である（図 13 - 3 ）。沿線では，1966（昭和41）年に多田グリーンハイツ，1969（昭和44）年に清和台の開発分譲が行われ，開発時期が相対的に早い川西市の人口増加は1970年代半ば以降になると沈静化した。より遠方の豊能町では，ときわ台，光風台などの開発が行われ，1970年代半ばに人口が急増した。また日生ニュータウンや猪名川パークタウンの大規模開発が行われた猪名川町でも，1975年から80年代にかけて人口が大きく増加している。このように大規模開発の時期と沿線3市町の人口増加は，ほぼ一致している。

(2)　能勢電鉄における輸送人員の変化

　沿線人口増加に伴い，能勢電鉄の輸送人員は増加した。輸送人員は，終戦直

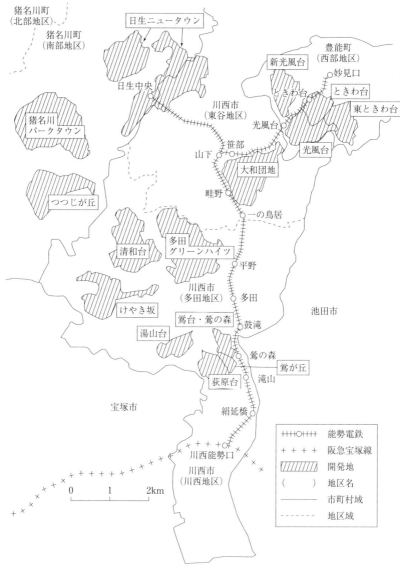

図 13-3　能勢電鉄沿線の宅地開発

猪名川町
（北部地区）
猪名川町
（南部地区）

日生ニュータウン

豊能町
（西部地区）

新光風台

妙見口

日生中央

ときわ台

ときわ台

川西市
（東谷地区）

東ときわ台

猪名川
パークタウン

光風台

光風台

笹部

大和団地

山下

つつじが丘

畦野

一の鳥居

清和台

多田
グリーンハイツ

平野

けやき坂

川西市
（多田地区）

多田

池田市

鶯台・鶯の森

湯山台

鼓滝

鶯の森

鶯が丘

荻原台

滝山

宝塚市

絹延橋

┼┼┼◯┼┼┼　能勢電鉄
＋　＋　＋　＋　阪急宝塚線
▨　　　　　　開発地
（　　　）　　地区名
─────　市町村域
─────　地区域

川西能勢口

川西市
（川西地区）

0　　1　　2km

（出所）　青木亮「宅地化の進展と鉄道投資」p. 32

表13-5　能勢電鉄輸送人員の推移

単位：千人

	1955	1960	1965	1970	1975	1980	1985	1990	1995	2000	2005	2010	2015
定期	1,696	2,061	2,881	4,519	6,645	9,725	11,981	15,625	16,847	18,731	14,421	11,801	11,917
対5年前比	—	21.52	39.79	56.86	47.05	46.35	23.20	30.41	7.82	11.18	−23.01	−18.17	0.98
定期外	1,313	1,360	1,649	1,427	2,291	3,077	4,062	5,262	5,442	9,265	9,514	9,979	9,245
対5年前比	—	3.58	21.25	−13.46	60.55	34.31	32.01	29.54	3.42	70.25	2.69	4.89	−7.36
合計	3,009	3,421	4,530	5,946	8,936	12,803	16,043	20,887	22,289	27,888	23,935	21,780	21,162
対5年前比	—	13.69	32.42	31.26	50.29	43.27	25.31	30.19	6.71	25.12	−14.17	−9.00	−2.84

（出所）　『鉄道統計年報』（各年版）より筆者作成

後の一時的な買い出し客増加を除き，1950年代半ばまでは年間300万人程度で安定していた。宅地化が進展する1960年代半ば以降，対5年前比で40％以上の伸びを示すなど，輸送量は急増して，90年代になると年間2,000万人を超える大阪圏の近郊私鉄となった（表13-5）。輸送力を増加させるため，能勢電鉄では①車両の大型化，編成の長大化，②運行本数の増加，③曲線半径の改良，複線化，新線建設という対応がとられた。

　戦後しばらくは小型車による単行運転が行われていた能勢電鉄では，1966（昭和41）年に阪急電鉄から中型車を購入して2両編成で運転を開始した。さらに1968年には3両編成，1972年には4両編成，1975年からは5両編成へと車両の大型化と長大化がなされ，輸送力は1950年代半ばと比べて大きく向上している。運行本数も，ピーク時1時間あたり上り本数でみると，1959（昭和34）年8月改正時は妙見～能勢口間3便，区間列車である山下～能勢口間3便の計6便の運行であったが，1967（昭和42）年12月改正時には計8便，日生線が開業した1981（昭和56）年3月には11便になった。1995（平成7）年以降は18便となり，大幅に増便されている。

　能勢電鉄は，開業時に資金的な余裕がなく，線路は谷筋に沿った急カーブが多かった。このため中型車の運転開始時に，曲線部の改良，一部区間の重軌条化，橋桁の補強等が行われた。さらに沿線で大規模開発が進むにつれ，輸送力不足から複線化が計画され，1969（昭和44）年までに川西能勢口から平野まで5.2kmが総額12億6,700万円を費やして完成した。ただし，このときの事業費は能勢電鉄の増資や借入により賄われており[2]，直接的な開発利益還元策はとられていない。

(3) 日生ニュータウンの開発

　日本生命は，住宅地の開発を各地で行っていたが，1966（昭和41）年から川西市一庫地区と猪名川町内馬場，原，紫合に総面積346万m^2，人口3万人の民間レベルでは関西最大級のニュータウン建設に着手して，1975（昭和50）年6月から販売が始まった。日生ニュータウンから最寄り駅の能勢電鉄山下駅までは約2.7km離れており，この間の交通手段の確保が課題であった。検討の結果，大量輸送や費用の観点から能勢電鉄の延長が望ましいとの結論に至り，1969年から日本生命と能勢電鉄の間で能勢電・日生連絡協議会を設けて，交渉がもたれた。日生線の建設にあたっては，新線建設だけでなく，輸送量増大に伴う既存区間の改良も必要になった。さらに新線は通勤輸送主体であり，ピーク時以外は施設が遊休化することや，ニュータウン居住者が少ない時点から営業を開始する必要があること，逆輸送が期待できないことなどから，ニュータウンの開発主体である日本生命が応分の負担を行うことで合意した。

　1972（昭和47）年2月に二者で合意した事項は，[3]

①平野〜山下間（3.1km）を複線化する。
②山下駅より日生ニュータウンの中央センターまで新線を建設する（2.8km）。
③開通時期は，
　•平野〜山下間の複線化は昭和49年度開通を目標とする。
　•山下〜日生中央間の新線延長は昭和50年度開通を目標とする。
④上記目標を達成するための具体的計画，工事方法等については，両者による委員会を設けて推進する。
⑤上記輸送を完遂するための総工事資金（概算50億円）は両者の折半とする。

同年3月に両者間で用地，計画の2つの専門委員会が組織され，1976（昭和51）年5月に起工式を迎えた。1973年10月に発生した第1次オイルショックにより建設費は大幅に増加して，総工事費は63億7,000万円に達したが，2年半の歳月を要して，1978年12月に日生線は営業を開始した。

　さらに光風台の開発を手がける日本機械土木（後に京阪神興発と改称）が能勢電鉄に新駅（光風台駅）設置を要請した際にも交渉がなされた。新駅設置費用

── コラム▶▶多摩ニュータウンの開発と京王相模原線，小田急多摩線の建設 ──

　開発利益の還元策には，鉄道会社による不動産事業の兼業による内部化や，鉄道会社と開発事業者間で交渉による解決を目指すコースの定理以外に，公的機関を介して開発利益を回収する方法もある。

　東京都と日本住宅公団（現都市再生機構），東京都住宅供給公社を開発主体に多摩丘陵を切り開いて開発された多摩ニュータウンは，1965（昭和40）年に計画決定され，1971年3月から入居が始まった。ニュータウンと都心を結ぶ大量輸送機関として京王帝都電鉄（現京王電鉄）と小田急電鉄が想定されたが，両社は建設費の全額負担では採算がとれないとして，建設に踏み切らなかった。鉄道建設が進まない中で入居が開始されたため，ラッシュ時に最寄り駅への乗合バスは大幅な輸送力不足に見舞われ，社会問題にまで発展した。このため，当時の運輸省と建設省，大蔵省の3省取り決めによる「大都市高速鉄道の整備に対する助成措置に関する覚え書き」と，運輸省と建設省の2省による「ニュータウン線建設工事に対するニュータウン開発者負担の細目に関する協定」および上記に基づくニュータウン開発者と鉄道事業者の協定で，開発事業者が新線建設に応分の負担を行うニュータウン開発者負担制度が定められた。具体的には，開発地域内に鉄道路線を有する開発事業者は，鉄道用地を素地価格（平均取得価格に利子を加えた額）で鉄道会社に譲渡する他，開発区域外の最寄り駅までの鉄道用地について買収予定価格と素地価格の差額を負担する。さらに施工基面下工事費の半額も負担する。補助制度が実現した結果，1974年4月に京王帝都電鉄相模原線が多摩センターまで開業し，翌年4月に小田急電鉄も多摩線を多摩センターまで延伸して，多摩ニュータウンから都心へ鉄道で直通できるようになった。

　このニュータウン開発者負担制度は，開発事業者から鉄道会社へ公式に開発利益を還元させる日本で最初の制度である。

を含め総工事費の65％を日本機械土木が負担して，光風台駅の設置（1978年）と曲線の緩和，トンネル建設，一部区間の複線化と複線準備が行われた。

　能勢電鉄と日本生命の間で行われた交渉による外部効果の内部化は，コースの定理による問題解決事例である。鉄道会社が沿線の土地を保有しなくても，開発事業者との交渉により開発利益還元が図れることを示している。ただし，能勢電鉄沿線でも大規模宅地開発はいくつも行われているが，全ての開発で交渉による解決が図られたわけではない。全国の私鉄をみても，交渉による還元

策で大規模なものは本事例程度である。さらに自発的な交渉による開発利益還元は，交渉の当事者数が増えると，交渉に時間を要したり，当事者間の利害が複雑になったりするため，取引費用（transaction cost）がかさみ問題解決が難しくなる。日生線建設は，能勢電鉄と日本生命の二者による交渉であり，光風台駅開設に伴う還元策も能勢電鉄と日本機械土木の二者で交渉が行われたのは偶然でない。さらに，能勢電鉄は阪急電鉄の子会社（大正時代に阪急電鉄の前身である阪神急行電鉄から出資を受けており，1963年の増資で阪急電鉄の持ち株割合は80％に達した）であるが，阪急電鉄の筆頭株主が日本生命であり，間接的ながら資本関係があったことも不確実性を下げ，両者の交渉に有利に働いたと考えられる。開発利益還元による日生線建設は，いくつもの幸運が重なった結果と考えられる。それだけ交渉による問題解決は難しいと言えよう。

注
⑴　本節の内容は，山崎，浅田（2008）第2章「2.3 住宅価格はどのように関連しているのか」を参考にしている。
⑵　川西能勢口～平野間の複線用地買収にあてるため，1961年8月と1963年1月の2回にわたり増資が行われ資本金は2億円になった。ただし2回の増資については，企業買収に対する防衛策の側面もあり，実態は少し複雑である。
⑶　能勢電鉄編（1991）第7章「待望の日生線ついに開通」による。

練習問題
1．日本では大手私鉄を中心に兼業で不動産事業を手がける事例が多い。その理由を理論面から説明しなさい。
2．公的機関を介した開発利益還元手法に対して，コースの定理を用いた開発利益還元手法は，どのようなメリットがあるだろうか。また，この手法を用いる場合の課題を指摘しなさい。

参考文献
青木亮（1995）「宅地化の進展と鉄道投資」『鉄道史学』第14号，pp. 31-39
東急不動産（1973）『街づくり五十年』東急不動産
東京急行電鉄（1988）『多摩田園都市　開発35年の記録』東京急行電鉄
能勢電鉄編（1991）『能勢電鉄80年史』能勢電鉄
藤井彌太郎・中条潮編（1992）『現代交通政策』東京大学出版会
松原宏（1990）『不動産資本と都市開発』ミネルヴァ書房
山崎福寿・浅田義久（2008）『都市経済学』日本評論社

第14章

費用便益分析

キーワード

費用便益分析　割引現在価値　純現在価値法　費用便益比率用　内部収益率法

富山県入善付近での北陸新幹線工事風景：新幹線整備は，JR各社への運賃収入の増加以上に，沿線への企業進出や観光振興を通じて，地域を発展させることが期待されている。2015年の北陸新幹線開業は，首都圏から金沢などへ，多くの観光客を呼び込んだ。

高速道路や空港，新幹線の建設など，交通投資の多くは巨額の資金を必要とし，国民経済への影響も大きい。また事業が完成するまで，さらに完成後は数十年，場合によると百年以上の長期にわたり施設が利用される。そのため民間企業が事業評価で用いる手法を，そのまま利用することは適切でない。では事業を評価する場合，どのような方法を用いれば良いであろうか。本章では，日本をはじめ各国の交通投資の事業評価で採用されている費用便益分析について学んでいこう。

1　社会資本投資の決定

　交通投資は大規模なものが多く，例えば建設段階で生じる効果の他，施設利用から生じる地域開発効果など，経済に与える影響は大きい。社会資本投資の水準を決定するには，投資の結果生じる費用と便益を比較する必要があるが，社会資本投資は，無料で提供される場合や外部効果の存在から，通常の市場メカニズムによる投資水準の決定では不十分である。このため，投資活動について，それぞれ費用と便益を計測することで政策決定に活かす費用便益分析（CBA：Cost Benefit Analysis）が行われる。

　費用便益分析では，費用と便益は社会全体の視点から集計される。そのため集計的な効率が追求され，分配問題（便益や費用の帰着）は考慮されていない。

社会的総余剰＝消費者余剰＋生産者余剰＋純外部効果

ちなみに企業の投資決定では，通常，生産者余剰のみに注目して意思決定を行っている。

　資源配分の効率化は，パレート最適を達成できるかで判断される。パレート最適（Paretian optimum）とは，「ある人の経済状態を悪化させることなしに，別の人の経済状態をこれ以上改善できない状態」を指す。しかし現実問題として，ある政策を実施すれば，別の人の経済状態を悪化させることが一般的である。例えば，高速道路の建設を考えよう。高速道路が完成すれば，利用者は移動時間短縮などのメリットがある反面，沿道の居住者が騒音や大気汚染の悪影響を受けるかもしれない。このような状況では，判断基準としてパレート最適

は有用でない。1つの回答は，補償原理（その中のカルドア・ヒックス基準）の利用である。カルドア・ヒックス基準（Kaldor-Hicks criterion）は，「社会Aから社会Bに移るとき，利得を得る人が損失を被る人に対して仮想的に補償しても，なお利得が残り，補償によって損失を被る人がもとの社会A（と同じ幸福の水準）に留まることができるならば，社会Bは社会Aよりもよい」と判断する。簡単に述べると，社会Aと社会Bの消費者余剰をそれぞれ比較して，社会Bの消費者余剰のほうが社会Aより大きければ，プロジェクト実施は正当化されるという考え方である。実際に補償が行われるかは問わない。現実問題として，不利益を被った経済主体全てに補償することは不可能だが，便益の配分に関する判断基準を含まない点に注意が必要である。費用便益分析は，この補償原理を理論的な裏付けとして，プロジェクト投資の評価を行っている。

表14-1　補償原理の数値例

	社会A		社会B	社会A		社会C
個人X	200	→	500	200	→	300
個人Y	300	→	100	300	→	100

個人Xと個人Yの利得が表で与えられているとき，社会Aから社会Bへの変化は，個人X（+300）から個人Y（-200）へ補償することで利得（+100）が残るため，補償原理により効率的と判断できる。一方，社会Aから社会Cへの変化は，個人X（+100）から個人Y（-200）へ補償しても利得（-100）がマイナスになり，非効率である（表14-1）。

2　直接効果と間接効果

プロジェクトの便益は，直接効果と間接効果に分けて考えることができる。直接効果とは，利用者に直接発生する効果である。道路を例にすると，時間節約便益や燃料費節約便益，交通事故減少便益などが該当する。一方，間接効果とは，利用者から第三者に間接的に波及する効果であり，同様に道路を例にすると産業振興，雇用機会の増大，所得の増加，人口増加などが相当する。完全競争市場では，理論上，直接効果を計測すれば全ての効果を把握できるが，市

場が不完全な現実社会（不完全競争市場）では，便益の波及が広範囲に及ぶこともあり，間接効果を完全に把握することは難しい。また二重計算の恐れ（高速道路開業により地価上昇が生じても，その効果が移動時間短縮効果として計上されるなら，両項目を計上すると二重計算になる）や，金銭化が難しい項目（環境破壊や人命の評価）もある。

費用便益分析以外に，間接効果を含めた便益の評価方法としては，産業連関表（地域経済における産業部門間での相互関係を表で示したもの）を用いる産業連関分析や，マクロ生産関数による分析法などもある。

3　割引現在価値

社会資本投資の特徴の1つは，施設が30年や50年，さらにはそれ以上の長期間にわたり利用され，耐用年数が長期間に及ぶことである。例えば，JR 山手線が現在のような環状運転を開始したのは1925（大正13）年であり，施設の一部は改修や更新を受けながら，現在まで利用されている。鉄道施設は50年以上という長期間利用されることも珍しくない。このため，今年発生する便益（費用）と，将来（例えば10年後）に発生する便益（費用）を，そのまま比較することはできず，現在と将来という異時点間の便益や費用を比較する必要がある。簡単に言うと，今年の10,000円と10年後の10,000円は価値が異なるのである。例えば，今年のお正月にお年玉10,000円をもらうか，10年後に10,000円もらうかの選択肢が与えられた時に，10年後の10,000円を選択する人はまずいない。これは10年後の価値がより小さいことを，直感的に理解しているからである。

今年10,000円を銀行に預けるとして，もし利子率 r が0.1％なら，1年後に元本と利子の合計は税金を無視すると10,010円になる。すなわち，今年の10,000円と1年後の10,010円が同じ価値を持つ。逆に言うと，今年9,990円を銀行に預ければ，利子率0.1％ならば1年後に10,000円になるため，1年後の10,000円は今年の9,990円と価値が等しい。10年後，30年後，50年後についても，同様に，今年いくらの価値（割引現在価値：discounted present value）を持つかが計算できる。

1年後の10,000円の価値（利子率0.1％の場合）

$$\frac{10000}{1+0.001} = 9990.00999 \fallingdotseq 9990円$$

10年後の10,000円の価値

$$\frac{10000}{(1+0.001)^{10}} = \frac{10000}{1.01004512} = 9900.547809 \fallingdotseq 9901円$$

10年後の10,000円は，現在の価値に直すと9,901円になる（9,901円を銀行に10年預けると10,000円になる）。パソコン等で簡単に計算できるので，各自で計算してみよう。

　一般化すると，t年後のA円の割引現在価値は，以下の式になる。

$$\frac{A}{(1+r)^t} \qquad ただし \quad r=利子率$$

4　費用便益分析

　割引現在価値の考え方をもとに，費用便益分析を行う。ここでは純現在価値法，費用便益比率法，内部収益率法の3手法について説明する。

(1)　純現在価値法

　費用便益分析の手法である純現在価値法（NPV：net present value）は，計画期間中の各年度の便益と費用をそれぞれ割引現在価値に直して，その総和の差で判断する。

$$\sum_{t=0}^{T}\frac{B_t}{(1+i)^t} \; - \; \sum_{t=0}^{T}\frac{C_t}{(1+i)^t} \; \geqq \; 0$$

　　割引現在価値化　　　割引現在価値化
　　した便益の総和　　　した費用の総和

$T=$ 計画の耐用期間，$i=$ 割引率，$B_t=t$ 年に発生する便益，$C_t=t$ 年に発生する費用

Σ（シグマ）が付いているので難しい式に見えるかもしれないが，第1項部分（割引現在価値化した便益の総和部分）を書き直すと以下になる。費用（C）も同様に理解できる。

$$B_0 \quad + \quad \frac{B_1}{1+i} \quad + \quad \frac{B_2}{(1+i)^2} \quad + \quad \frac{B_3}{(1+i)^3} \quad +---+ \quad \frac{B_t}{(1+i)^t}$$

0年目便益　　　1年目便益　　　2年目便益　　　3年目便益　　　　　　t年目便益
割引現在価値　　割引現在価値　　割引現在価値　　割引現在価値　　　　割引現在価値

　式は，プロジェクトを実施する場合は，（割引現在価値に直した）便益の総和が，（割引現在価値に直した）費用の総和より，大きくなければならない（純便益がプラス）ことを意味する。これは費用の総和が便益の総和より大きなプロジェクトなら，実施せずに他の用途に資金を利用する方が良いので，ある意味当然である。複数のプロジェクトが存在する場合は，便益と費用の総和の差が大きなプロジェクトから優先的に採用される。

　純現在価値法の課題は，社会的割引率（i）が外生的に与えられるため，適切なiをどのように決定するかである。割引現在価値の説明では，単純にするため銀行の利子率を用いたが，社会資本の耐用年数が長いため，30年後や50年後の経済状況を予測して，適切な割引率を決定する必要がある。実際には，これは容易でなく，銀行の窓口でも30年定期や50年定期は掲示していない。

(2)　費用便益比率法

　費用便益比率法（CBR：cost benefit ratio）は，計画期間中の各年度の便益と費用をそれぞれ割引現在価値に直して，その総和の比で判断する。分子と分母を比較するため，プロジェクトの可否は≧1で判断される。

$$\sum_{t=0}^{T} \frac{B_t}{(1+i)^t} \quad / \quad \sum_{t=0}^{T} \frac{C_t}{(1+i)^t} \quad \geqq \quad 1$$

割引現在価値化　　　割引現在価値化
した便益の総和　　　した費用の総和

$T=$ 計画の耐用期間，$i=$ 割引率，$B_t=t$年に発生する便益，$C_t=t$年に発生する費用

　複数のプロジェクトが存在する場合，便益と費用の比が大きなプロジェクト

から優先的に採用される。費用便益比率法でも，純現在価値法と同様に，社会
的割引率（i）が外生的に与えられている。そのため，純現在価値法と同様に
適切なiの値を決定することが課題になる。

(3) 純現在価値法と費用便益比率法の違い

　純現在価値法と費用便益比率法は，便益と費用の総和の差を計算するか，比
を計算するかの違いといえる。一般的に，差を計算する純現在価値法は，大規
模プロジェクトで有利になる。一方，比を計算する費用便益比率法では小規模
プロジェクトも採用されやすい。すなわち純現在価値法は費用のかかる巨大事
業だから採用されたのかもしれないし，費用便益比率法は，極端に規模が小さ
いあまり効果のない事業を採用する可能性がある。

　２プロジェクトによる比較事例：
- 　　Ａプロジェクト　　　割引現在価値化した便益の総和　1000億円
- 　　　　　　　　　　　　割引現在価値化した費用の総和　　980億円
- 　　Ｂプロジェクト　　　割引現在価値化した便益の総和　　100万円
- 　　　　　　　　　　　　割引現在価値化した費用の総和　　　80万円

純現在価値法	Ａプロジェクト	1000億 − 980億 = 20億
	Ｂプロジェクト	100万 − 80万 = 20万
費用便益比率法	Ａプロジェクト	1000億/980億 = 1.0204
	Ｂプロジェクト	100万/80万 = 1.25

　上記例では，純現在価値法ではＡプロジェクトが採用されるが，費用便益比
率法ではＢプロジェクトが採用になる。どちらの手法を採用するかで，優先順
位に変化が生じている。

(4) 内部収益率法

　内部収益率法（IRR：internal ratio of return）は，計画期間中に投資額を回収
するのに必要な内部収益率rを計算する。

$$\sum_{t=0}^{T} \frac{B_t - C_t}{(1+r)^t} = 0$$

$T=$ 計画の耐用期間，$r=$ 内部収益率，$B_t=t$ 年に発生する便益，$C_t=t$ 年に発生する費用

　内部収益率法は，式は純現在価値法と類似するが，内部収益率 r を計算するため，計算作業はかなり複雑になる。そのため，コンピュータが発達する以前は理論的な議論に留まっており，実際に計算することは容易でなかった。またt 次の式になるため，解が一意に決まらないという課題も存在する[1]。ただし解がマイナスのもの（利子率はマイナスにならない）や，極端に大きな解（利子率50％などは現実的でない）を排除することで，可能性のある解はかなり少なくなるため，実務上は対応可能である。また便益や費用の時間的な発生パターンが異なる計画では，優先順位をつけることができないとの課題もある。すなわち，投資の初期段階で多くの費用や便益が発生するプロジェクトと，最終段階で多くの費用や便益の発生するプロジェクトを比較しようとしても，優先順位が付かないことになる。

5　社会資本投資における費用便益分析の採用

　交通事業などの社会資本投資を実施するにあたり，多くの国が費用便益分析を実施している。日本においても，1990年代以降，これまで以上に公共事業の効率化が求められるようになったこともあり，費用便益分析が導入された。現在は，国土交通省など監督官庁がマニュアルを作成，公開しており，これに従い事前に事業の実施可否が判断されている。以下では，鉄道投資と道路投資について費用便益分析を具体的に見ていく[2]。

(1)　日本の鉄道事業における事例
　鉄道事業については，国土交通省が費用便益分析マニュアルを定めている。鉄道新線整備，既設線改良の例を見ると，費用項目は，「建設投資額」（工事材料費，設備費，労務費，建設機械損料，仮設費，保険料，現場管理費，用地関係費）と

コラム ▶▶ 青函トンネルの建設

　かつて本州と北海道を結ぶ交通手段は主に鉄道が担っていた。本州各地から青森に到着した旅客や貨物は，青函連絡船で函館に向かい，そこから道内各地へ鉄道で輸送された。連絡船で4時間近くを要する青森〜函館間は，輸送のボトルネックであった。

　津軽海峡にトンネルを掘り，本州と北海道をつなぐ構想は戦前から存在したが，1954年9月に発生し，死者，行方不明者1,155人を出した日本最大の海難事故である青函連絡船洞爺丸沈没事故を契機に必要性が広く認識されるようになった。1963年から詳細な調査が続けられ，1971年4月より本格的に工事が開始された。延長53.8kmの新幹線も通行可能な長大トンネルで，最深部は水面下240mにある。

　海底下のトンネル工事は難航し，貫通まで長期間を要したが，1988年3月に青函トンネルを含む海峡線（中小国〜木古内：87.8km）が開業して本州と北海道は特急で約2時間となった。所要時間は連絡船時代よりも大幅に短縮されたが，既に本州と北海道間の旅客輸送の主役は航空に代わっていた。少なくとも旅客輸送では，青函トンネルが当初期待された役割を果たすことはなかった。

　交通施設は計画から完成まで時間を要し，さらに供用開始後も長期にわたり利用され続けることが多い。この間に市場環境が大きく変化すると，計画当時とは異なる評価を受けることになる。

「開業後の維持改良費・再投資費」（車両費等）である。一方，便益項目は，「利用者便益」（総所要時間の短縮，交通費用の減少，乗り換え利便性の向上，車両内混雑の緩和，運行頻度の増加，駅アクセス・イグレス時間の短縮，輸送障害による遅延の軽減），「供給者便益」（当該事業者収益の改善，競合・補完鉄道路線収益の改善），「環境等改善便益」（地球的環境の改善：CO_2排出量削減，局所的環境の改善：NOx 排出削減，道路交通事故減少，道路混雑緩和），「存在価値」，「残存価値」，「マイナスの便益」（運送費等，諸税）である。このうち，「利用者便益」における「総所要時間の短縮」と「交通費用の減少」，「供給者便益」における「当該事業者収益の改善」の各項目は計測すべきものと定められている。それ以外の便益は，必要に応じて計上可能な効果である。また「存在価値」は，計上に当たり特に注意が必要な効果とされている。

鉄道は，便益の項目が多くあるが，全ての便益を計上するわけではなく，あくまで計上可能との表現である。また項目の中には評価の難しいものも含まれている。割引率は４％であり，計算期間は，鉄道の財務分析で慣例的に利用されている30年と50年の２パターンで計算している。評価方法は，純現在価値法ではB－C≧0，費用便益比率法ではB/C≧1，内部収益率≧４％の３手法でチェックする。また前提条件が変化した場合の影響を見るため，需要や費用の項目を±10％の範囲で変化させた感度分析を行っている。

(2)　日本の道路事業における事例

　日本の道路事業では，道路整備の可否を判断するため，国土交通省が鉄道と同様に費用便益分析マニュアルを定めており，それに従い費用便益分析が行われている（表14-2参照）。

　費用項目では，「道路整備に要する事業費」（工事費，用地費，補償費，間接経費）と，「道路維持管理に要する費用」（点検，補修にかかる費用，巡回，清掃にかかる費用，除雪等にかかる費用）のみを計上している。一方，便益項目は，「走行時間短縮便益」（道路の整備，改良が行われない場合の走行時間費用から，道路の整備改良が行われる場合の走行時間費用を減じた差），「走行経費減少便益」（道路の整備・改良が行われない場合の走行費用から，道路の整備・改良が行われる場合の走行費用を減じた差），「交通事故減少便益」（道路の整備・改良が行われない場合の交通事故による社会的損失から，道路の整備・改良が行われる場合の交通事故による社会的損失を減じた差）の３項目のみを計上する。もちろん，これ以外にも費用項目や便益項目は存在するが，比較的金額が少額な項目や貨幣換算が難しいこと，二重計算を避けるなどの理由から，対象を限定している。

　便益は，事業を行った状態と行わなかった状態を比較することで計算する（ウィズ・ウィズアウト原理）。また割引率は４％である。現在の預金利子率からみると高い値と感じるかもしれないが，諸外国の例や過去の貸出金利の動向等を勘案して採用されている。計算期間は，設備の耐用年数を想定して，供用開始から50年間である。評価方法は，純現在価値法ではB－C≧0，費用便益比率法ではB/C≧1，内部収益率≧４％の３手法でチェックされる。さらに前提条件が変化した場合の影響を見るため，鉄道と同様に，感度分析を行っている。

事例：走行時間短縮便益，走行経費減少便益，交通事故減少便益の計算例

事業を実施しない場合：所要時間30分　　事業を実施後：所要時間25分
　　　　　→　この場合の時間短縮 5 分（30分－25分＝ 5 分）
　もし走行台数10,000台（乗用車）であり，車種ごとの時間価値原単位が39.60円/分で与えられていれば，

$$39.60円×5分×10,000台＝1,980,000（198万円）$$

走行時間短縮便益は上記のように計算できる。

　走行経費減少便益は，整備・改良を行った場合と，行わなかった場合の走行経費の差を比較して計算する。車種別の走行経費原単位は，道路種別（一般道：市街地，一般道：山地，高速・地域高規格道路など）に応じて，車種別（乗用車，バス，小型貨物など），速度（5km/h刻み）ごとに定められており，走行費用減少便益と同様に計算する。
　交通事故減少便益は，道路の整備・改良が行われる場合と行われなかった場合の交通事故による社会的損失の差から求められる。損失額は，道路状況（一般道路で中心市街部，一般道路でその他市街部，一般道路で非市街部，高速道路）に応じて，車線数や中央分離帯の有無で区分した算定式が設けられている。

(3)　道路投資における計算例

　道路投資における費用便益分析を表から行う。例えば 2 年目の費用については，以下のように計算できる（表 14 - 2 ）。

2 年目の費用の計算
　道路整備費　2,000　＋　道路維持管理費　0 （まだ供用されていないため）
　　　　　　　　　　　　　　　　　＝各年度費用合計　2,000
2 年目の費用の合計額（2,000）を割引現在価値に直す

$$\frac{2000+0}{(1+0.04)^2}＝\frac{2000}{1.0816}＝1,849.112$$

表14-2　道路投資における費用便益分析の計算例

年次	費　用				便　益				
	道路整備	道路維持管理	各年度費用	各年度現在価値化費用	走行時間短縮	走行経費減少	交通事故減少	各年度便益	各年度現在価値化便益
1年目	1,000	0	1,000	961.538	0	0	0	0	0.000
2年目	2,000	0	2,000	1,849.112	0	0	0	0	0.000
3年目	3,000	0	3,000	2,666.989	0	0	0	0	0.000
4年目	3,000	0	3,000	2,564.413	0	0	0	0	0.000
5年目	2,000	50	2,050	1,684.951	900	100	50	1,050	863.023
6年目	0	50	50	39.516	900	100	50	1,050	829.830
7年目	0	50	50	37.996	900	100	50	1,050	797.914
8年目	0	50	50	36.535	900	100	50	1,050	767.225
9年目	0	300	300	210.776	900	100	50	1,050	737.716
10年目	0	50	50	33.778	900	100	50	1,050	709.342
11年目	0	50	50	32.479	900	100	50	1,050	682.060
12年目	0	50	50	31.230	900	100	50	1,050	655.827
13年目	0	50	50	30.029	900	100	50	1,050	630.603
14年目	0	300	300	173.243	900	100	50	1,050	606.349
15年目	0	50	50	27.763	900	100	50	1,050	583.028
｜｜	省略								
43年目	0	50	50	9.258	900	100	50	1,050	194.427
44年目	0	300	300	53.414	900	100	50	1,050	186.949
45年目	0	50	50	8.560	900	100	50	1,050	179.758
46年目	0	50	50	8.231	900	100	50	1,050	172.845
47年目	0	50	50	7.914	900	100	50	1,050	166.197
48年目	0	50	50	7.610	900	100	50	1,050	159.805
49年目	0	300	300	43.902	900	100	50	1,050	153.658
50年目	0	50	50	7.036	900	100	50	1,050	147.748
51年目	0	50	50	6.765	900	100	50	1,050	142.066
52年目	0	50	50	6.505	900	100	50	1,050	136.602
53年目	0	50	50	6.255	900	100	50	1,050	131.348
54年目	0	300	300	36.085	900	100	50	1,050	126.296
計	11,000	5,000	16,000	11,451.640	45,000	5,000	2,500	52,500	19,281.215

（出所）　事業評価研究会編（2000）『道路事業の評価』記載の数値例を一部修正

同様に 5 年目の便益を計算すると，以下のようになる。

5 年目の便益の計算
　走行時間短縮便益　900　＋　走行経費減少便益　100
　　　　　　　　　　　　　　　　　＋交通事故減少便益　50＝1,050
5 年目の便益の合計額（1050）を割引現在価値に直す

$$\frac{900+100+50}{(1+0.04)^5}=\frac{1050}{1.216652902}=863.0234623 \fallingdotseq 863.023$$

　1 年目から54年目（5 年目で工事が完了しており，そこから50年間として計算）まで各年度の現在価値化した費用を計算して合計すると，割引現在価値に直した費用の総額（C）が計算できる。
　961.538＋1,849.112＋2,666.989＋----＋6.255＋36.085 ＝ 11,451.640

同様に，便益についても 1 年目から54年目まで各年度の現在価値化した便益を計算して合計（19,281.215）すると，割引現在価値に直した便益の総額（B）になる。

　現在価値化した総費用（C）と現在価値化した総便益（B）を比較して，純現在価値法は B－C≧0，費用便益比率法の場合は B/C≧1 を計算して，投資の是非を判断する。

純現在価値法
　B－C＝19,281.215－11,451.640＝7,829.575≧0

費用便益比率法
　B/C＝19,281.215/11,451.640＝1.684≧1

　純現在価値法では 7,329.575≧0，費用便益比率法では 1.684≧1 なので，このプロジェクトは是認される。

6 費用便益分析の具体例

交通関係の社会資本投資は，計画実施に当たり費用便益分析を実施している。ここでは建設工事が進められている 3 つの事業を取り上げる（**表14-3**）。分析結果は公開されているので，これ以外の例についても，興味のある人は探してみよう。

東京外郭環状道路のうち関越自動車道と東名高速道路を結ぶ区間16.2kmの費用便益分析の結果を見よう。割引現在価値化した費用の合計 1 兆1,480億円に対し，割引現在価値化した便益合計は 2 兆5,991億円と計算された。その結果，純現在価値法では 1 兆4,510億円≧ 0 ，費用便益比率法では2.3≧ 1 ，内部収益率法では9.2％で，プロジェクトは是認された。同様に，第二東海自動車道（いわゆる新東名高速道路）の海老名 JCT〜御殿場 JCT では，純現在価値法で 1 兆5,700億円≧ 0 ，費用便益比率法で2.3≧ 1 ，内部収益率法で9.2％と計算され，プロジェクトは是認された。

鉄道事業の例は，北海道新幹線（新函館〜札幌）を取り上げる。同様に計算を行うと，割引現在価値化した費用合計は7,283億円，割引現在価値化した便益合計は8,139億円と計算された。その結果，純現在価値法では 856億円≧ 0 ，

表14-3　道路整備による費用便益分析の事例

東京外郭環状道路（関越〜東名，16.2km）

割引現在価値化した費用(億円)	事業費	維持管理費	合計	割引現在価値化した便益(億円)	走行時間短縮便益	走行経費減少便益	交通事故減少便益	合計	純現在価値(億円)	費用便益比	内部収益率
	10,582	898	11,480		22,723	2,573	695	25,991	14,510	2.3	9.2%

第二東海自動車道（海老名 JCT〜御殿場 JCT）

割引現在価値化した費用(億円)	事業費	維持管理費	合計	割引現在価値化した便益(億円)	走行時間短縮便益	走行経費減少便益	交通事故減少便益	合計	純現在価値(億円)	費用便益比	内部収益率
	11,840	558	12,399		25,885	1,891	324	28,099	15,700	2.3	9.4%

北海道新幹線（新函館〜札幌）

割引現在価値化した費用(億円)	建設投資額	維持改良費・再投資費	合計	割引現在価値化した便益(億円)	利用者便益	供給者便益	環境便益	残存価値	合計	純現在価値(億円)	費用便益比	内部収益率
	6,762	520	7,283		4,349	3,470	68	253	8,139	856	1.1	4.5%

（出所）　国土交通省のデータより作成

費用便益比率法では1.1≧1，内部収益率法では4.5％で，プロジェクトは是認されたが，かなり基準ギリギリの数値である。整備新幹線に対する厳しい見方が存在する理由は，この数値からもうかがい知ることができる。

7　費用便益分析の課題

　費用便益分析の課題は，所得分配への影響を考慮していないことである。費用便益分析は，投下資本の資源配分効率に注目しており，便益や費用が誰に帰着するかは，問われていない。低所得者の居住地域に空港を建設する場合など，相対的に高所得な空港利用者の便益を増大させる一方，低所得者の負担をさらに増すようなプロジェクトが是認される可能性もある。この問題を解決する1つの手法は，対象地域の便益（または費用）を1.5倍にするなど，重み付けを行うことである。ただし，重み付けには価値判断（恣意性）が避けられない。なぜ1.25倍や2倍でなく1.5倍に重み付けしたかを合理的に説明することが求められる。さらに，プロジェクトを是認または否認するために，恣意的に重み付けを変更する懸念も生じる。

　また全ての便益や費用を金銭価値で評価できるわけではない。環境費用などは，評価が難しい項目であり，評価にあたり恣意性が入りやすいという問題がある。道路投資プロジェクトのように，できるだけ金銭化が容易な項目に限定するのか，評価方法を工夫してある程度項目として認める（鉄道投資プロジェクト）か，判断が求められる。日本と欧州3カ国（イギリス，フランス，ドイツ）の道路投資における便益項目を比較すると（表14-4），日本は「走行時間短縮」「走行経費減少」「交通事故減少」の3項目だけだが，国により，その他便益を評価項目に含める場合や，時間価値の区分などで異なる方法を用いている。

　人命や健康も，評価が難しい項目である。もし「人命は地球より重い」として無限大の評価をすると，費用便益分析は計算できなくなってしまう。交通事故で利用されるホフマン方式やライプニッツ方式（事故で死亡したり後遺障害が残ったりした場合に将来得るであろう逸失利益を計算する方法）は一案だが，家族の悲しみなどが十分に反映されないという問題もある。さらに言えば，将来の逸失利益なので，低所得者の人ほど補償が安くなる＝生命価値に差を設ける，と

表14-4 日本と欧州3カ国の費用便益分析の比較（道路）

		日本	イギリス	フランス	ドイツ
便益項目	走行時間短縮	○	○	○	○
	走行経費減少	○	○	○	○
	交通事故減少	○	○	○	○
	騒音減少		○	○	○
	大気汚染減少		○	○	○
	温室効果ガス減少			○	○
	時間信頼性向上		○		○
	歩行者への影響				○
	健康増進効果		○		
	広域経済効果		○		○
転換交通や土地利用変化の考慮		転換交通や土地利用変化は考慮しない	事業によっては転換交通や土地利用変化を考慮	転換交通や土地利用変化を考慮しない	転換交通として目的地変更を考慮
時間価値の区分		車種別単価	目的(業務・私用)手段(車は車種別)距離(車と鉄道)	目的(4分野)距離帯	目的(業務・私用)距離帯
その他評価の枠組み		定性的評価項目(環境アセス)	広範な経済波及効果分配に配慮した分析	環境負荷評価地域固有の事情の定性評価	環境アセスネットワーク性都市開発評価

(出所) 林良嗣, 森田紘圭, 竹下博之, 加知範康, 加藤博和編『交通・都市計画のQOL主流化』p. 59を一部修正

いう問題も生じる。

注
(1) 中学, 高校の数学を思い出そう。2次方程式では, 通常, 解は2つ存在した。3次方程式では, 同様に解は3つ存在する。同様に考えるとt次式では, 解はt個, 存在する。
(2) 鉄道事業は「鉄道プロジェクトの評価手法マニュアル（2012年改訂版), 道路事業は「費用便益分析マニュアル」として, それぞれ国土交通省から発表されている。

練習問題
1. ある道路事業について国土交通省が道路事業で採用している手法に従い費用便益分析を行い表にまとめた（数値は仮想的なものである)。なお, 単純にするため6

年目から50年目までの数値は省略している。また計算の最後で端数が出た場合は四
捨五入して小数第 2 位まで求めなさい。

① 　4 年目の総便益の割引現在価値を計算しなさい。

② 　この事業の費用便益比を計算して，プロジェクトの可否を判断しなさい。

	道路整備費	維持管理費	時間短縮	走行経費減少	交通事故減少
1 年目	2,000	0	0	0	0
2 年目	4,000	0	0	0	0
3 年目	3,000	30	260	150	60
4 年目	0	50	320	200	90
5 年目	0	50	320	200	90
省略					
51年目	0	50	320	200	90
52年目	0	50	320	200	90

現在価値化した総費用：9263.59，現在価値化した総便益：11991.05

2．製造業など民間企業の投資決定と，交通をはじめとする社会資本投資における投
資決定の違いを説明しなさい。

参考文献

桐越信・澤田和宏・毛利雄一（2008）『道路投資の費用便益分析——理論と適用』
（社）交通工学研究会

国土交通省鉄道局「鉄道プロジェクトの評価手法マニュアル（2012年改訂版）」
https://www.mlit.go.jp/common/000224631.pdf（2023年 6 月20日閲覧）

国土交通省道路局都市局「費用便益分析マニュアル」 https://www.mlit.go.jp/road/
ir/ir-hyouka/ben-eki_2.pdf（2023年 6 月20日閲覧）

事業評価研究会編（2000）『道路事業の評価』ぎょうせい

常木淳（2000）『費用便益分析の基礎』東京大学出版会

林良嗣・森田紘圭・竹下博之・加知範康・加藤博和編（2021）『交通・都市計画の
QOL 主流化』明石書店

第 15 章

これからの交通と交通政策

キーワード
コンパクトシティ政策　モーダルシフト　利用可能性　インフラの劣化

武蔵野市のムーバス：都市部における「交通空白地域」の解消と，高齢者などが気軽に
外出できるようにすることを目指した。利用者の評価も高く，日本の都市交通における
「コミュニティバス」が普及するきっかけとなった。

経済社会の変化とともに，交通に対して求められるものもまた変わってくる。本章では，前章までの議論を踏まえて，これからの交通に求められるものは何か，そして検討されるべき交通政策としてはどのようなものが考えられるのかについて展望する。

1　都市・地域の変化と交通

20世紀にはモータリゼーションの進展に伴い，大都市圏以外では鉄道の利用者が減少し，地域によっては鉄道自体が廃止されるに至った。このことは地方都市の形態並びに機能にも大きな影響を及ぼした。自家用車で通勤・通学するのであれば，駅のそばに住む必要もなく，都市は空間的に拡散するようになった。従来は駅前にあった商店街を利用する人は激減し，駐車場も充実したショッピングモールが郊外に相次いで開業した。病院などの他の機能も郊外に移転するケースが目立ち，気がつけば都市機能自体が拡散した「スポンジ化」と呼ばれる状況を呈するに至った。このような都市では公共交通自体を維持することが難しく，人々はますます自家用車に依存せざるを得ない。

しかしスポンジ化した都市は，自家用車を利用しない交通弱者にはもちろん，一般の人々にもデメリットをもたらす。都市に様々な機能が集中することで得られていた都市化の経済が，スポンジ化によって失われることがある。例えば病院とスーパーが別の場所にあるとすれば，病院に行った帰りにスーパーに寄ることが難しくなり，自家用車があるとしても買い物が億劫になりやすい。その結果スーパーの売り上げが減少し，閉店を余儀なくされるかもしれない。また人々が分散して居住することによって，水道や道路などのインフラの建設費用が増加する。建設費用だけでなく，道路の除雪など完成したインフラを維持管理する費用も増大し，その分住民の負担は大きくなる。

これらの問題に，後述するような自家用車の増加に伴う環境への負荷を低減させるべしという主張も加味された結果，1990年代から各国で提唱されたのが都市の機能を空間的に集約し，自家用車を使わずに暮らせる都市を目指すコンパクトシティ（compact city）政策である。第3章で紹介した富山ライトレールも，図15-1で表されるような富山市のコンパクトシティ政策の一環として位

図 15-1　富山市のコンパクトシティ政策

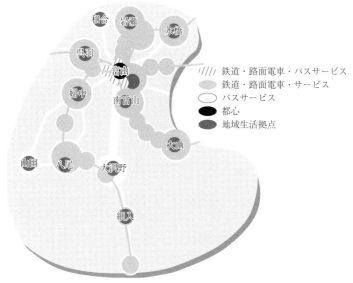

/////	鉄道・路面電車・バスサービス
（灰色）	鉄道・路面電車・サービス
（白）	バスサービス
（黒）	都心
（濃灰）	地域生活拠点

既存の市街地を「お団子」，それを結ぶ鉄道・路面電車などの公共交通を「串」に見立て，公共交通の整備を通じて市街地居住の利便性向上を目指している。
（出所）富山市都市マスタープラン　https://www.city.toyama.toyama.jp/data/open/cnt/3/19490/1/masterplan1.pdf

置付けられている。

　我が国ではこの問題に加えて，今後さらに進行する少子高齢化問題が交通のあり方に影響を及ぼしている。地方における公共交通の最大の利用者は通学する高校生であるが，少子化は高校生の減少をもたらし，公共交通の利用者減少に直結している。また農山村では若年層が高校を卒業すると進学・就職のため地元を離れることが多い。その結果残るのは高齢者のみの世帯が大半となる。そのような地域では交通需要そのものが減少し，公共交通を維持することが困難になる一方，加齢に伴い自家用車の運転も困難になる場合も多く，最終的には集落としての最低限の機能（医療・買い物など）の確保も困難な限界集落と化していく。

　大都市圏においても，高齢化に伴う通勤交通需要の減少が，かつては若年層が居住していた郊外部において顕著である。そしてこの地域では，高齢者の増

コラム▶▶フード・デザート

　限界集落では食品をはじめとする生活物資を購入するための商店が維持できなくなることが多い。公共交通はもとより，自家用車が利用できたとしても，買い物のために遠方まで長時間運転することは（特に高齢者には）難しい。他方で単価の低い生鮮食材を少量ずつ配達してもらうことも現実的ではない。この結果，商品を購入するだけの所得があっても食品が供給されないという事態が発生する。これがフード・デザート（食の砂漠）である。

　このようなフード・デザートは，農山村の限界集落だけでなく都市部でも生じることが報告されている（例えば，岩間 2014を参照）。例えば大都市郊外の「ニュータウン」でも，今日では高齢者のみの世帯が増え，通勤交通の需要が減ったことでバスの利便性が低下し，スーパーマーケットなどへのアクセスが不便になり買い物に困難を感じる世帯が増えている。この問題は食品をいかに供給するかという流通の問題であると同時に，高齢者をはじめとする住民の移動手段をいかに確保するかという交通の問題でもある。

加に伴い日中の買い物需要など，従来の通勤交通とは異なる交通需要を顕在化させることとなった。例えば武蔵野市の「ムーバス」のようなコミュニティバスは，これまで鉄道駅や路線バスのバス停までの徒歩移動を負担に感じて移動をためらっていた高齢者の移動手段として普及した。

　2020年からの新型コロナウィルス感染症の流行は，テレワークやオンライン会議などの新しい勤務形態を実践する端緒となり，今まで都市交通あるいは都市間交通を支えていた鉄道などの公共交通機関の利用が急減した。これは今後の人口減少に伴い「緩やかに」生じてくることが予想されていた問題が突如顕在化した面があり，対策は急務である。

　他方，テレワークの導入は大都市圏から地方への人口移動をもたらすものと考えられたが，実際には多くの人口が今なお大都市圏に留まっている。多くの企業では都心への通勤が全く不要になったわけでないことに加えて，生活環境としての大都市の利便性を捨てがたい層が大きいことがその理由として挙げられる。大都市圏の人口がしばらくは急減しないとなると，都市交通に対する需要も中期的には維持されるため，今しばらくは混雑緩和などの対策も進める必要がある。

2　「自動車」が変わる：環境そして自動運転

　他方で，自家用車をはじめとする自動車の普及はさまざまな外部不経済をもたらすことも早くから指摘されてきた。⁽²⁾前節で挙げた都市のスポンジ化の他にも，交通事故の増加や排気ガスに含まれる窒素酸化物 NO_X や硫黄酸化物 SO_X がもたらす環境破壊などが挙げられる。これらに加え，1990年代以降は化石燃料の燃焼によって生じる二酸化炭素（CO_2）排出量の増加による地球環境の温暖化がもたらす影響が深刻な問題として取り上げられるようになった。CO_2 排出量の一定量は輸送部門，とりわけ自動車に起因する。その点を鑑み，自動車の利用を抑える施策が求められている。物流ではトラック輸送を CO_2 排出量の少ない鉄道や船舶に置き換えるモーダルシフトが叫ばれるようになり，旅客交通においても同様の根拠で公共交通の整備そして利用促進が指向されている。

　しかしその実現は容易ではない。コンパクトシティ政策についても諸外国では一定の成果をあげている都市もあるが，我が国では富山市も含めて，都市の空間的なコンパクト化を実現できた事例は見当たらない。その理由は突き詰めて考えれば，自家用車のもたらす利便性が極めて大きく，住民がそれを手放すことが難しいためである。

　別の解決策として，自動車が環境に及ぼす負荷を小さくすることが試みられてきた。1980年代の排ガス規制や自動車の燃費の改良から始まって，近年では CO_2 を排出しない燃料電池車や EV（electric vehicle）の開発が進められている。車両価格がまだ高いことや現在のガソリンスタンドに代わる燃料補給（充電）設備の普及などの課題は残るものの，我が国を含む主要国が従来のガソリン車の近未来における販売停止を打ち出すなど，これらの環境負荷が小さい車両が今後の自動車の主流になる方向に進んでいる。

　自動車についてはもう１つ，自動運転を可能にする技術開発が進んでいる。現在は自動車の運転には一定の知識と技能が必要であり，それらを身につけていることを認定された（＝運転免許を取得した）人にしか運転が許可されていない。自動運転の実現によって，自動車利用者は運転の義務から解放され，運転

免許証を返納した高齢者や免許を取得できない子供を含む誰もが自動車を利用することが可能になる。ただし、事故が生じた際の賠償責任を誰にどう負わせるかなど、それに伴う法律や社会制度の整備はまだ進んでおらず、この技術が実用化される上での障壁となっている。

3 交通政策の課題(1) 公共交通をいかに維持するか

　今日のわれわれの交通は、大都市圏などを除いて、自動車とりわけ自家用車に大きく依存している。自動車交通の利便性は極めて大きいが、自動車への依存は道路渋滞から地球温暖化に至るまでさまざまな外部不経済をもたらす。前節で述べた通り、技術革新によってそれらの外部不経済の内のいくらかは中長期的に緩和されることも見込まれる。とはいえ外部不経済がない場合でも、自動車を利用できない交通弱者にとって、自動車利用を前提とした地域は生活に支障をきたす。

　そのため、自家用車の代替財となるような交通サービス、具体的には鉄道や路線バスなどの公共交通を維持することが求められる。しかし第3章でも見たように、地方都市や農山村地域では公共交通事業者の経営は苦しく、路線の廃止を余儀なくされる事例も多い。この問題は近年突如として始まったことではなく、モータリゼーションが進展した高度成長期以降続いていることではある。

　問題の背景として、我が国の公共交通がこれまで事業者の内部補助によって維持されてきたという経緯がある。第5章で述べた通り、バス事業者は都市部で得た収益で農山村地域の赤字路線を維持することが求められた。鉄道も同様で、旧国鉄や一部の大手私鉄は幹線で得た黒字でローカル線（地方交通線）の赤字を賄ってきた。[3]

　内部補助による公共交通維持政策は、地方の不採算路線の維持を事業者に委ねることができ、国や地方自治体がそのような路線維持のために直接補助を行わずに済むという特徴がある。経済成長に伴い輸送人員が右肩上がりであった高度成長期ごろまではこの方法が大変有効に機能した。しかし高度成長が終わり、地方において自家用車の普及がさらに進んでくると、これまでの収益源の路線の黒字が減少し内部補助の限界が指摘されるようになった。1987年の国鉄

分割民営化，そしてそれぞれ2000年，2002年の鉄道事業法・道路運送法の改正は，このような内部補助による公共交通維持政策の転換を図る格好の機会であったが，内部補助で賄えなくなった路線が廃止されていく一方で，路線の維持を事業者の自助努力に頼る傾向は払拭されていない。

　内部補助に頼れないとすると，それでも不採算路線を維持するとすれば国もしくは地方自治体が事業者に補助を行う必要がある。これは納税者にとっては増税（もしくは他のサービスの削減）につながることであり，利用者が極端に少ないなどそのような負担に値しないと納税者が判断するならば路線廃止はやむを得まい。現状維持を期待するがあまり過大な負担に耐えられず全てを失うより，むしろ地域の交通需要の実態に適合する交通モードを積極的に選択するべきであろう。ただしそのような場合にも，交通弱者のための何らかの交通サービスの提供は必要となる。その費用は政府すなわち納税者の負担となる。

　他方これまでに廃止された鉄道・バス路線の中には，適切に補助がなされていれば路線を維持できたと思われるケースもある。以下では今後補助を行う根拠として検討すべき論点について述べる。[4]

(1)　利用可能性

　鉄道や路線バスの廃止に際して，地元住民が普段ほとんど利用していないような路線であっても廃止がすんなり受け入れられるケースは稀である。普段利用していない路線の維持がなぜ必要なのかを考えたときしばしば挙げられるのは，普段は（今は）利用していなくても「いつか」利用するかもしれないから，という交通サービスの利用可能性を指摘する意見である。普段は自家用車を利用していても，お酒を飲んだ後，車が故障した時，さらには歳をとって運転ができなくなった時には公共交通の必要性を実感する。そのような時に鉄道やバスが利用できないのは不便である。

　このような意見を地方の住民の「わがまま」ととらえる向きもあるかもしれない。しかし考えてみれば，電力や水道などは送電線や水道管を引いてもらうことで利用可能性が保証されている。基本料金などの形で，サービスを利用しなくても費用を負担している。これは利用者から見るとサービスの利用可能性に対する対価を支払っているということでもある。交通についても，住民がそ

の利用可能性に対して対価を支払っても良いと考えるならば，実際に利用するときの運賃とは別に利用可能性に対するWTP（支払意思額）に相当する額を徴収することが容認されて良い。

ただし電力などとの違いは，交通サービスの場合利用者がアクセスするために送電線などの物理的な設備を所有するものでないため，利用可能性が公共財となっていることである。ここに沿線自治体が住民から「利用可能性」に相当する額を徴収し事業者に補助する根拠が存在する。廃止が検討された鉄道路線を沿線自治体が第3セクター化することで存続させるケースは，まさにこれを行ったと見ることができる。問題点としては，公共財としての利用可能性にフリーライド（ただ乗り）しようとするインセンティブが働くため，これを可能な限り抑えられるような制度設計が必要である。

(2) 通学定期割引

地方の公共交通を最もよく利用しているのは多くの路線で高校生である。彼（女）らは通学定期券を使用しているが，第3章でも述べた通りこの割引率は交通事業者の経営判断では説明できないほど安い。例えば，JR北海道の札幌〜北広島間（21.8km）の場合，3ヵ月定期運賃は通勤が50,160円なのに対し通学（高校生）は28,870円である（2023年現在）。

通学定期券がこのような価格水準に抑えられているのは，学生の学ぶ権利を保証し教育の機会均等を実現するためである。この目的は教育の見地からは正当化されるが，交通事業者が割引の原資を負担していることは適正であろうか。例えば通学定期券の割引率を通勤定期券並みに引き下げることで，地方の交通事業者の収入はかなり増加するのではないだろうか。

もちろん高校生のいる世帯にとってそのような値上げは望ましくないし，値上げによりこれまで公共交通を利用していた高校生が家族の車で送迎されるなどの結果も想定される。であるならば，その差額を国もしくは地方自治体が補助することが考えられる。ここで重要なのは，そのような通学定期券に対する補助は，交通の問題である前に教育の問題でもあるということである。であるならば補助の財源を教育関連予算から捻出することが考えられて良い。

同様の補助政策は医療や福祉などの領域でも考えられる。我が国の場合，行

　我が国の鉄道は基本的に独立採算が原則であり，赤字を垂れ流すのならば廃止する，という風潮が根強い。しかしながら鉄道自体は赤字であっても，その鉄道がもたらす外部経済がそれを上回るのであれば，補助を行ってでも存続させるべきである。通学輸送についても，そのような見地から地域全体で検討し必要な交通手段を維持していく必要があろう。

　　美乃浜学園駅から見た美乃浜学園（奥に見える建物）

　（出所）　筆者撮影

　茨城県のひたちなか海浜鉄道は，2008年にかつての茨城交通湊線を第3セクター化した路線であり，全線がひたちなか市内を走る。ひたちなか市を構成する旧勝田市（JR勝田駅）と旧那珂湊市を結ぶ路線ということもあり，ひたちなか市ならびに市民と同鉄道との協力体制がいまに至るまで維持されている。その1つが2021年3月に開業した美乃浜学園駅である。

　「美乃浜学園」はひたちなか市内の小中学校統合に伴って開設されたひたちなか市立の小中一貫校である。その通学範囲はひたちなか海浜鉄道の沿線に広がっているが，小中学生が歩いて通学することは困難な広さである。そこでひたちなか市は，同鉄道の沿線に学校を開設し，同鉄道は学校からすぐの場所に美乃浜学園駅を設置した。これによって児童生徒が鉄道を利用して通学することが可能になるのみならず，同鉄道にとっても利用者の増加につながる。こうして記すときわめてシンプルな事例であるが，このように交通政策と学校の設置をあわせて考えた事例は我が国では少ないのが現状である。

政の管轄がしばしば「タテ割り」になっており，複数の部門にまたがる領域で柔軟な政策を遂行することが難しいという弊害がある。教育で言えば，通学定期券にとどまらず学校を鉄道の駅の近くに配置するなどの施策も検討していく必要があろう。

4　交通政策の課題 (2)　交通インフラをいかに維持するか

　鉄道線路や道路，あるいは橋梁やトンネルなどの交通インフラには，輸送の安全を維持する上で必要最低限の投資が継続的になされなければならない。これを持続していくことは，しかしながら決して容易なことではない。投資を行うための費用を誰がどのように負担するかがしばしば問題となる。

　現在使用しているインフラへの投資は，それほど大きな金額ではなく，事業者はそのための費用を積み立てているのが通常である。ただし地方鉄道などではその積立が十分ではなく，行うべき投資を先延ばしにして延命しているケースが見られる。それは中長期的にはインフラの劣化につながり経営の悪化をもたらすが，投資の財源を事業者が自ら確保せざるを得ない状況に置かれていることが背景にある。そのような事業者が災害などのために突如として多額の負担を迫られるような場合，その負担に耐えられず路線の廃止に向かう鉄道などがある（高千穂鉄道，JR日高本線など）。このような事態を避けるには，インフラの維持管理に要する費用を上下分離などの形で沿線自治体などが負担することが考えられる。⁽⁵⁾

　このようなケースは鉄道だけではなく，その他の交通インフラでも検討される必要がある。2012年の中央自動車道笹子トンネルの天井盤落下事故のようなインフラの劣化に伴い生じる事故を防ぎつつインフラを利用するためには十分な投資がなされねばならないが，インフラ全てを管理するコストは膨大である一方，どこが劣化しているかを管理者が把握できていない場合も見られる。そして把握できても修繕が追いつかず，通行止めとなっている区間も各地に散見される。戦後に建設した交通インフラの抜本的な修繕が今後必要になってくることもあわせて考えると，効率的な管理体制の構築とそのための安定的な財源の確保が速やかになされなければならない。

このほかにも大小様々な政策課題が交通の領域には存在する。それらは一方で高度に技術的・専門的な知識を要するが，我々の日常生活や経済活動にも影響することである。本書を読んだ読者諸氏が，それらの問題について選挙などを通じて何らかの判断を求められる場合もあろう。本書の知見がその判断の一助となっていれば幸いである。

注

(1)　このような高齢者が車を運転することによる事故を防止する目的で，運転免許証の返納が各地域で呼びかけられている。返納した高齢者には自治体から公共交通の利用補助などがなされる場合が多いが，自家用車利用に比べて大幅に不便になるため，返納に消極的な高齢者も少なくない。

(2)　この点に警鐘を鳴らした先駆的な研究として宇沢（1974）が挙げられる。

(3)　同様のことはかつての日本道路公団が採用していた高速道路料金の「料金プール制」についても言える。この制度のために，償還が終わった東名高速道路などがいつまでも無料とならず，料金収入は地方の高速道路建設の財源に充当されていった。

(4)　この点についてさらに理解を深めたい場合は，宇都宮（2020）を参照のこと。

(5)　2011年7月の水害によって橋梁が流され不通となったJR只見線（会津川口～只見間）の復旧がその事例として知られる。同区間は上下分離によって福島県が線路を保有することとなり，2022年10月に運転を再開した。

練習問題

1．諸外国ではコンパクトシティ政策が一定の成果を上げたとされる事例がある（フランスのストラスブールなど）。そのような都市のコンパクトシティ政策がどのようなものであるか調べた上で，我が国と何が異なっているかあなたの考えを述べなさい。

2．我が国における公共交通の維持についての基本方針としては，2013年に施行された交通政策基本法が挙げられる。この法律のもとで，公共交通の維持について国・地方自治体・交通事業者，そして地域住民には何が求められているのか整理しなさい。

参考文献

岩間信之（2014）「フードデザート」藤井正・神谷浩夫編『よくわかる都市地理学』ミネルヴァ書房，p. 163

宇沢弘文（1974）『自動車の社会的費用』岩波書店

宇都宮浄人（2020）『地域公共交通の統合的政策——日欧比較からみえる新時代』東洋経済新報社

計算問題の解答

第4章 2

① 鉄道の所要時間は 4 時間であるので，鉄道移動の時間費用は 2,500×4＝10,000，これに運賃を加えると 10,000＋10,000＝20,000（円）

② 航空の一般化費用 G_{air} は，航空運賃を f_{air} とすると $G_{air}＝f_{air}＋2,500×1.5$，航空が選択されるためには $G_{air}＜20,000$ であることが必要なので，$f_{air}＋2,500×1.5＜20,000$ より，$f_{air}＜16,250$（円）

第8章 2

① $p＝MC$ より，$400－5f＝3f＋80$ となるので，これを f について解くと $f＝40$

② $f＝40$ のとき，$p＝400－5f＝200$ である。よって消費者余剰は (400－200)×40÷2＝4,000

第9章 2

① 独占企業の利潤最大化の必要条件 $MR＝MC$ より，$400－8x＝40＋4x$ となるので $x＝30$，このとき $p＝400－4x＝400－30×4＝280$

② 限界費用価格形成の場合は $p＝MC$ より，$400－4x＝40＋4x$ となるので $x＝45$，このとき $p＝400－4x＝400－45×4＝220$ である。このときの総余剰は (400－40)×45÷2＝8,100 であるが，独占の場合は {(400－40)＋(280－160)}×30÷2＝7,200 であるので，限界費用価格形成の場合の方が総余剰は大きい。

③ $p＝220$ で輸送量 1 単位当たり 50 の赤字が出るので，この時の平均費用 $AC＝220＋50＝270$，総費用は $AC×x$ であるから 270×45＝12,150

第11章 1

① 混雑料金採用前には，利用者は PMC のみを考慮するので，$D_{AB}＝PMC$，すなわち $600－\dfrac{1}{3}f＝\dfrac{1}{2}f－150$ より，採用前の通行量 $f_E＝900$，このとき $PMC＝300$

② $f_E＝900$ のもとで $SMC＝1,300$ である。また，$D_{AB}＝SMC$ となる通行量 $f_0＝600$ であるので，死荷重に相当する面積は (1,300－300)×(900－600)÷2＝150,000

③ 混雑料金を採用すると，通行量 f は $D_{AB}＝SMC$ となる水準に抑えられるので，$f_E＝900⇒f_0＝600$ つまり300減少する。ただし $f_0＝600$ の水準では $PMC＝SMC$ となる通行量（$f＝500$）を上回ること，あるいは $f_0＝600$ のもとでの $PMC＝150＞$

100（$f=500$ のもとでの $PMC=SMC$）などから，混雑は緩和されたが解消はしていないと判断される。

④ $f_0=600$ のもとで，$PMC=150$，$SMC=400$ であるので，混雑料金収入は $(400-150)\times600=150{,}000$

第11章　2

① ピークロードプライシング採用前の運賃水準＝200＜LMC より，ピーク時には超過需要すなわち混雑が発生する。

② ピークロードプライシングを採用すると，ピーク時の運賃水準＝$LMC=250$ となるので，これを需要関数に代入すれば，$250=400-5x$ より $x=30$

③ オフピーク時については，ピークロードプライシング採用前の運賃水準のもとでの輸送量は 10 であり，採用後は $p=SMC(=100)$，このとき輸送量は $10\times2=20$ となるので，$(10,\ 200)$ と $(20,\ 100)$ の 2 点を通る直線の方程式を求めれば良い。よって $p300-10x$

④ 採用前（一律 $p=200$）の場合：ピーク時輸送量＝40 ［$200=400-5x$ より］，オフピーク時輸送量＝10，より総収入＝$200\times(40+10)=10{,}000$。それに対して採用後（ピーク時 $p=250$，オフピーク時 $p=100$）の場合：ピーク時輸送量＝30，オフピーク時輸送量＝20，より総収入＝$250\times30+100\times20=9{,}500$。以上より，ピークロードプライシング採用に伴い収入が減少するので，この事業者はピークロードプライシングを採用しない。

第12章　2

① 都市の境界は $8000-250x=500$ より，$x=30$ と求められる。仮定より都市の面積は半径30の円と考えられるので，$30\times30\times3.14=2826$

② 中小工場の付け値地代関数は $r^P=10000-500x$ であるので，住宅との境界は $8000-250x=10000-500x$ より，$x=8$ となる。付け値地代関数の傾きがより急であることから判断して，中小工場は住宅より CBD 寄りに立地するので，CBD から距離 8 の地点までが中小工場，それ以降（距離30の地点まで）が住宅の立地する範囲となる。

③ 中小工場の付け値地代曲線が $10000-450x$ になると，$8000-250x=10000-450x$ より，中小工場と住宅の境界は $x=10$ に移動する。このとき，農業地代も住宅の付け値地代曲線も変化しないならば，中小工場の立地範囲の拡大は住宅の立地範囲の縮小をもたらす。これまでと同じ人口が郊外のより狭い範囲に居住することになるの

で，住民の効用水準は低下する。

第14章 1

① 4年目の総便益は320＋200＋90＝610となる。これに割引率4％（1＋0.04）を4乗した1.170で割って，計算する。

$$\frac{320+200+90}{(1+0.04)^4}=\frac{610}{1.170}=521.36752\fallingdotseq521.37$$

② 費用便益比は，割引現在価値化した総便益を割引現在価値化した総費用で割ることで計算できる。

$$\frac{割引現在価値化した総便益}{割引現在価値化した総費用}=\frac{11991.05}{9263.59}=1.2944279\fallingdotseq1.29$$

1.29＞1であるため，プロジェクトは実施される。

※ 計算問題以外の解答は省略

さらなる学習のための参考書

交通論関係

本書と同様の入門レベルのテキストとしては以下のものがあります。

- 竹内健蔵（2018）『交通経済学入門』［新版］有斐閣ブックス
- 田邉勝巳（2017）『交通経済のエッセンス』有斐閣

本書を通読した後，交通論／交通経済学についてもう少し詳しく学びたい人は，以下の教科書などがお勧めです。

- 杉山武彦監修・竹内健蔵・根本敏則・山内弘隆編（2010）『交通市場と社会資本の経済学』有斐閣
- 山内弘隆・竹内健蔵（2002）『交通経済学』有斐閣
- 藤井弥太郎・中条潮編（1992）『現代交通政策』東京大学出版会
- 藤井弥太郎監修　中条潮・太田和博編（2001）『自由化時代の交通政策』東京大学出版会

以下の書籍は交通に関わる概念・理論・制度などについて簡潔にまとめられているので，学習する際に適宜参照されるとよいでしょう。

- 日本交通学会編（2011）『交通経済ハンドブック』白桃書房

大学の専門課程や大学院レベルでさらに掘り下げた学習をする場合は，以下の書籍も参考になるでしょう。

- 土井正幸・坂下昇（2002）『交通経済学』東洋経済新報社

都市・地域経済学関係

本書の第12章，第13章では都市経済学や地域経済学にかかわる内容を取り上げています。この分野について深く学びたい人は，以下の教科書を読まれることを勧めます。

- 山田浩之・徳岡一幸編（2018）『地域経済学入門』［第3版］有斐閣コンパクト
- 黒田達朗・田渕隆俊・中村良平（2008）『都市と地域の経済学』［新版］有斐閣ブックス

ミクロ経済学

　運賃論や料金問題を分析するため，本書ではミクロ経済学（価格理論）を用いた分析を行っています。初学者向けのミクロ経済学の教科書として，何冊か挙げておきます。

- 竹内健蔵（2019）『ミクロ経済学って大体こんな感じです』有斐閣
- 金谷貞夫・吉田真理子（2008）『グラフィックミクロ経済学』［第2版］新世社
- マンキュー，N. G.（2019）『マンキュー経済学I　ミクロ編』［第4版］東洋経済新報社
- スティグリッツ，J. E.・ウォルシュ，C. E.（2013）『スティグリッツミクロ経済学』［第4版］東洋経済新報社
- 伊藤元重（2018）『ミクロ経済学』［第3版］日本評論社

　現実の経済政策に，どのようにミクロ経済学を応用できるかについては，以下の書籍を参考にしてみて下さい。

- 八田達夫（2008）『ミクロ経済学I――市場の失敗と政府の失敗の対策』東洋経済新報社

事項索引

交通機関名索引

《著者紹介》

青木　亮（あおき　まこと）

1995年　慶應義塾大学大学院商学研究科後期博士課程単位取得満期退学
現　在　東京経済大学経営学部教授
主　著　『地方公共交通の維持と活性化』（編著）成山堂書店，2020年，『路面電車からトラムへ
　　　　──フランスの都市交通政策の挑戦』（共著）晃洋書房，2020年，『総合研究　日本のタ
　　　　クシー産業』（共編著）慶應義塾大学出版会，2017年

須田昌弥（すだ　まさや）

1995年　京都大学大学院経済学研究科博士後期課程修了，博士（経済学，京都大学）
現　在　青山学院大学経済学部現代経済デザイン学科教授
主　著　『地域経済学入門』［第3版］（共著）有斐閣，2018年，「戦後日本における交通問題──
　　　　『地域』における課題」『経済地理学年報』55-1，2009年，「過疎地域における鉄道──
　　　　その存続のために」『運輸と経済』67-11，2007年

交通政策への招待

2024年3月15日　初版第1刷発行　　　　　　　　〈検印省略〉

定価はカバーに
表示しています

著　者　青　木　　　亮
　　　　須　田　昌　弥

発行者　杉　田　啓　三

印刷者　坂　本　喜　杏

発行所　株式会社　ミネルヴァ書房

607-8494　京都市山科区日ノ岡堤谷町1
電話代表 075-581-5191
振替口座 01020-0-8076

ISBN 978-4-623-09673-2

Printed in Japan